Pierre Boulez

Entretiens avec Michel Archimbaud

ブーレーズとの対話

ピエール・ブーレーズ／ミシェル・アルシャンボー 著
笠羽映子 訳

法政大学出版局

ブーレーズとの対話　目次

凡　例

一　本書はPierre Boulez, *Entretiens avec Michel Archimbaud*, Éditions Gallimard, Paris, 2016 の全訳である。
二　『　』は原書の書名イタリック。傍点は原書の強調イタリック。
三　《　》は音楽作品の標題を示す。
四　「　」は原書の引用符。
五　（　）は原書に準じる。
六　〔　〕は訳者による補足。
七　訳注は行間に番号（1、2、3……）を付して側注とした。

本書を故ドミニク・ジャムー、
二人の音楽家ジャン・ヴィエネール（故人）とシモン・アダ＝レス、
そしてアリアーヌ・ヴァラディエに捧げる。

ブーレーズとの対話

緒　言

私はピエール・ブーレーズのおかげでフランシス・ベーコンと知り合いになった。だから、私がこの画家との対談を実現できたのは、間接的にブーレーズのおかげということになる。その対談は、現在ガリマール社のエッセー叢書（フォリオ・エッセー）として再版されている。(1) 叢書化の際、叢書担当の編集者のひとりが、同じ文庫版型で、もう一冊、今度は音楽家ピエール・ブーレーズとの対談集を編むよう私に依頼してきた。この企画において、何が私をもっとも魅了したのかは結局のところ分からないが、広範な読者向けの対談コレクションの端緒になること、また二十世紀の真に独創的な芸術家のひとりの省察を伝えたいという願い、この二つが恐らくが同時に私を惹きつけたのだろう。私はただちに引き受けた。

けれども私にとって、この第二の試みを首尾よく運ぶためには、二つの重大な障害があった。第一の障害は、現代音楽という広大な銀河について、そしてとりわけ音楽家自身の仕事についてピエー

（1）初版は一九九二年、ジャン゠クロード・ラテス社から出版。ガリマール社版は一九九六年。邦訳はミシェル・アルシャンボー『フランシス・ベイコン　対談』五十嵐賢一訳、三元社、一九九八年（英語版からの翻訳）。

ル・ブーレーズと言葉を交わすには私の音楽的知識が不足していることにあった。

この視点から、読者が彼の創作活動の文字通り歴史的かつ音楽学的な側面についてもっと知りたいと思う場合、ドミニク・ジャムー[2]の『ピエール・ブーレーズ』[3]、あるいは選択的文献目録に挙げられている他の参考文献を参照する必要があるだろう。

第二の障害は、ある程度、第一の障害から生じているのだが、それは、他のすべての独創的芸術家にもまして、ピエール・ブーレーズという音楽家には、ジョルジュ・ブラックが画家一般について語っていた言葉、つまり画家は「些末な事柄を再構成しようと努めるのではなく、絵画行為を構成しようと努めるのだ」という言葉が当てはめられるだろうということである。

芸術の真実のひとつ、近代および現代芸術が体系化してきた真実が存在するのはまさにその点においてである。したがって、画家を言い換えて、作曲家は些末な事柄を再構成しようと努める（音楽はしばしばそうなのだが）のではなく、音楽行為を構成しようと努めると言えるだろう。独創的な芸術家たちと彼らを受けとめる一般人たちとの間の誤解、そして時には確執がそこから生じる。一般大衆がよく知られたもの、さらには型通りのものを期待するのに対して、独創的芸術家たちは新たな言語を創造しようという、自分のつねに壊れやすい試みの中で苦闘しているからだ。

だからといって、自分自身が音楽家ではなく、今世紀最大の作曲家のひとりに会いに行こうと決心する際、そうした言語の完全な知識を必ず持っている必要があるだろうか？

たしかにその方が良いだろうが、私は私に差し向けられた試練に思い切って応じた。試みの妥当性は読者諸氏が判断されるだろう。私はただ次のことを付言しておきたい。ピエール・ブーレーズの教育者としての資質はもはや称賛するまでもないが、時には恐らく些末であると彼には思われたはずの事柄にも、彼は好意的かつ多大な忍耐心をもって対応してくれた。ここで深謝しておきたい。

ミシェル・アルシャンボー

(2) Dominique Jameux（一九三九〜二〇一五年）、フランスのラジオプロデューサー・音楽学者・著述家。ここで挙げられている著作は *Pierre Boulez* (Paris, Fayard), 1984.

(3) 巻末文献目録の他、訳者あとがきも参照されたい。

序文――道草を食いながら

この世に来て何も乱さないものは敬意にも忍耐にも値しない。
ルネ・シャール(1)

この『ブーレーズとの対話』への序文の文案を考えていて、どうしてひとりの少年が道草を食っている姿が私の頭に浮かんでくるのだろうか？　それも大戦前のフランスの田舎町で、夜明け前の暗闇の中、初等・中等教育の十年間通った修道会経営の学校まで自宅からほんの数分で行ける筈の「吹きっさらしで汚い登り坂」を、早起きして道草を食いながら一歩一歩上がっていく少年の姿だ。私たちの時代のもっとも偉大で名高い音楽家のひとり、もっとも「難解な」と言われる人物のひとりで、音

(1) René Char（一九〇七～一九八八年）、フランスの詩人。エピグラフは René Char, « À la santé du serpent VII », dans *Fureur et mystère, Le Poème pulvérisé (1945–1947), Œuvres complètes*, Paris, Gallimard, 1983, 2e: 1995, p. 262. 邦訳は『ルネ・シャール全詩集』吉本素子訳、青土社、一九九九年、一八七頁。『激情と神秘』、「粉砕される詩（一九四五年―一九四七年）」〈蛇の健康を祝して〉Ⅶ。訳文は吉本訳を参考にした。

楽家自身がそう打ち明けているように、彼の音楽の中に多少なりとも個人的な要素、或る物語の痕跡、ルネ・シャールなら「背景の物語」(2)と言ったであろうものの痕跡、現代のもっとも徹底的な創造的アプローチのひとつの痕跡を見つけるのがひじょうに難しいことがまさに確認されるような人物との対話を終えて、なぜそうした少年の姿が浮かぶのか？

すでに自分の内に孕んでいた音楽によって、自分でも気づかぬうちに、非凡な運命を約束された孤独な少年という私が自ら作り上げているイメージに、私はただ単に魅了されているだけなのだろうか？　それとも、私たちの途切れ途切れに続けられた会話の前、途中そして後で、ピエール・ブーレーズとの間で保たれていた人間的な関係の特質が、峻厳な理論家、激しい論争家、世界的に知られ、敬愛されている指揮者の背後に、音楽と人生への情熱がそのあらゆるかたちのもとで絶えず活気づけている、情熱と生気に溢れる人間を私に見出すことを可能にしたのだろうか？　創造的な少年を自己の芸術のもっとも高度な実現へと導いた、あの驚くべき軌道上で活動している人間。

音楽愛好家にすぎない私には、二十世紀および二十一世紀に音楽が、それを長い間古典的な規範に繋ぎとめていたものとひとたび縁を切った後に敢行した冒険を内側から理解するのは困難であるし、現代の音楽形式の並外れた複雑さを見定めることもできないので、私の当初の賭けは、付き合いにくいと見なされている人物と、できるだけ自由に、音楽やその他のあらゆる話題について話し合えるようにするということだった。ブーレーズは、私の質問、極めて偶像破壊的な質問に対してさえ、けっして激しい疑念を、ましてや、うんざりして慇懃無礼な言葉をちくりと表明しはしなかった。

以下の対談は、学生やポケット本の読者といった広範な読者層に、音楽家のよく知られた教育者としての特質と、彼の会話における気さくな熱意を通して、私たちの時代の独創的な芸術家が先立つ諸世紀の音楽における音楽家たちについて語る意見を伝えるという以外の野望を持っていない。そしてまた、何人かの人たちが、私たちの時代のあまりにもしばしば真価を認められていない音楽的な豊かさに興味を抱くようになれば、と私は願っている。

ピエール・ブーレーズをよく知っている人々は、本書で格別に新しいことを恐らく何も知らされないだろう。それでも、本書に彼の言葉のリズムや、彼の声の弾み方を再び見出されるだろうと思う。他の人々は太陽のような芸術家の歩みを辿り、専門家の明敏さと情熱家の喜びをもって示された昨日、今日、そして明日の音楽のための手がかりを見つけるだろう。

このささやかな文章を結ぶにあたり、それらの対話を思い出す時、ルネ・シャールの力強く響きのよい声が、私の頭に改めて浮かんでくる。ブーレーズが音楽化した『婚礼の顔』の詩のひとつ、「導

（2）『粉砕される詩』が一九四七年フォンテーヌ社から出版された数か月後、シャールはその一冊（バザーに出すためのものだったそうだ）の、各々の詩の欄外に背景となった事柄を書き込んだ。一九五五年、ジャン・ユーグがそれを発見し、シャールに出版するよう提案した。そのようにしてユーグのところで、また『NNRF（新新フランス誌）』六月号で、それは「『粉砕される詩』の背景の物語」として公刊された。cf. René Char, «Arrière-histoire du Poème pulvérisé», dans *Œuvres complètes*, op. cit., p. 1291–1292. 以下の書物にも言及が見出される。Albert Camus, René Char, *Correspondance 1946–1959*, Gallimard (2004), éd. Folio: 2017, p. 122–124.

き」の冒頭の数行の自由な詩句である。それらは、私たちの会話が私に残した印象を明快に説明しているように思われる——「通れ。星の鋤が昔そこに呑み込まれた。今夜一群の鳥たちが空高く喜んで通っていく。[3]」

M・A

（3）René Char, ‹ Conduite ›, "Le Visage nuptial", dans *Fureur et mystère, Seuls demeurent (1938–1944)*, *Œuvres complètes*, op. cit., p. 149. 私訳。

経　歴

ミシェル・アルシャンボー　ピエール・ブーレーズ、あなたはいつ、どこで生まれたのですか?

ピエール・ブーレーズ　一九二五年三月二十六日、ロワール県のモンブリゾンで生まれました。

アルシャンボー　兄弟姉妹はいらっしゃいますか?

ブーレーズ　姉がひとり、弟がひとりいます。

アルシャンボー　姉弟との関係はどうでしょう?

ブーレーズ　姉と私は年齢がほとんど違いませんから、一緒に育ちました。それに対して、弟とはそれほど付き合いませんでした……　彼は十一歳年下で、私たちは同じ教育を受けなかったのです。私が自分の勉強を続けるために両親のもとを去った時、弟は四歳でした。そして当時は戦時中だったので、交通手段は厳しい状況にあり、私は休暇のためにしか家族のもとへ帰りませんでした。

アルシャンボー　あなたの父上の職業は？

ブーレーズ　父は冶金技師でした。

アルシャンボー　あなたが成長した家庭環境を語ってくださいませんか？

ブーレーズ　まったく伝統的な環境、人口七千人の地方小都市のそれで、文化生活はほとんど存在していませんでした。時たま古典劇の上演はあったけれど、演奏会は何もなかった。幾つかのモリエール劇は観たはずですが……　当時、文化会館や市立劇場などはなかったのです。モンブリゾンにもっとも近い大都市サン＝テティエンヌの文化会館が創設されたのは戦後にすぎません。

アルシャンボー　どのようにしてあなたは音楽に辿り着いたわけですか？

ブーレーズ　いたって自然に……　親が私の姉にピアノを習わせたので、年頃になると私も習いたいと思ったのです。

アルシャンボー　忘れがたい視覚的あるいは音響的な感銘を抱いた記憶はありますか？

ブーレーズ　ピアノの習得はそのひとつでした。私はまた修道会経営の学校で育ちました。合唱団があって、私はそこで九歳から歌い始めました。それはとても私の役に立ちましたし、私の音楽教育に貢献し、私がもっとも後悔していないもののひとつです。

アルシャンボー 何歳でピアノを習い始めたのですか？

ブーレーズ 六歳くらいの時、モンブリゾンでピアノを習い始めました。その後、サン＝テティエンヌでもっとも実力のある先生のレッスンを受けに行くようになりました。高等教育を受けている間、もう私には音楽を学ぶ時間はあまりありませんでしたが、自分で音楽的教養を高めることは続けました。当時はまた、室内楽を演奏するアマチュア音楽家のグループもありました。私はそれらのグループのひとつにピアノ奏者として加わり、室内楽の古典的なレパートリー全体を発見しました。ハイドン、シューベルト、ベートーヴェン、そしてセザール・フランクやフォーレまでも……

アルシャンボー あなたは十五歳で家庭という繭から離れました[1]。あなたの中等教育および大学教育はどのようなものだったのですか？

ブーレーズ 私はふたつのバカロレア〔大学入学資格〕を取得しました、最初のバカロレアはラテン－ギリシャ語で、二つ目は基礎数学、俗に言う「マテレム（mathélem）」のバカロレアです。私は

（1）一九四〇年、サン＝テティエンヌで数学のバカロレアの準備をした。

一九四一年に十六歳で〔中等教育課程を〕終えました。その後、音楽の勉強の方をしたかったのですが、リヨンに行き、数学の高等教育を受け始めました。(2) 私の父がそう望んでいたからです…… でも、一年後に私はそれを放棄し、音楽の道に進みました。

アルシャンボー　いつあなたは自分の人生を音楽に捧げることになると悟ったのですか？

ブーレーズ　十七歳の時にそう決心しました。一部の青年たちには、その年頃で決心することがありがちなように。ものごとは大変速く進み、二十一歳で自分の音楽の勉強を終えました。そのようなわけで、教育とのかかわりは長すぎない方がよいという考えを私はつねに抱いてきたのです。

アルシャンボー　「自分の音楽の勉強を終える」という表現であなたが言おうとしているのはどのようなことですか？

ブーレーズ　パリ音楽院に入って、次にそこを出て…… そして、実を言えば、そこから出ることの方がそこに入るよりも恐らく私にとっては重要でした。実際、オリヴィエ・メシアンのクラスを除いて、そこでの勉強は全体として私には無駄だと思われました。

アルシャンボー　何人かの人たちがそう主張しているように、あなたは自分を独学者と見なしていますか？

ブーレーズ　いいえ、最初のステップを乗り越えさせてくれたのは教育であり、私が独学者になったのはその後にすぎません。もし、教えられたものから個人的な研究方法を導き出さなければ、他者の支配下にいつまでもとどまってしまいます。何よりもまず獲得すべきなのは自律です。私にとって独学者であるということは、自律した人間であるということです。私たちは、そうであろうとする意志によって独学者なのであって、たんに、物事を教えてもらうために誰かと出会うチャンスがなく、自分で学ばざるを得なかったという理由で独学者なのではありません。

メシアンは或るひとつの楽譜に対してどう反応すべきかを的確に教えてくれました。その後、私には「自力でたたきあげる」必要があったのです。数か月経つと、メシアンの授業はもはや必要がないし、自分で学ばなければならない、つまり或る楽譜を取り上げてその中にあるものを眺め、他の何かを、私の自律性の印であるような何かを作るようにすべきだと考えたので、もう授業には出ませんでした。

独学者であるということは、たんに自分の直観を当てにしたり、教育を拒んだりすることではありません。教育を自分のものとして感じ取ることでもあるのです。それはまったく別のことです。誰しもが独学者なのです——私はそれを悪い意味で解釈しているのではありません。とはいえ、物事を自ら完全に学ぶに至るまで独学を推し進めなければなりません。それは自分自身の探求です。

（2）一九四一年、リヨンで理工科学校入学のための特別数学級に入った。

語源的な意味に従えば、本当に「自ら自分に教える」ということです。

アルシャンボー　音楽院に入る前、あなたの音楽の知識はどのようなものでしたか？

ブーレーズ　古典派とロマン派のレパートリーは、リヨンで発見しました。それまでは、少年期にラジオで聞いた数少ない演奏会を除いて、私はそうした音楽を知らなかったのです。その時期、フランスはふたつの地域に分断されていて、[3]リヨンはいわば国の第二の首都であり、そこでの音楽活動は傑出したものでした。モーリス・ラヴェルの《高貴で感傷的なワルツ》や彼の二つのピアノ協奏曲を私はリヨンで初めて聞きました。優れたソリストたちが舞台に立ち、そうしたなか、アルフレッド・コルトー[4]がカミーユ・サン＝サーンスの協奏曲を弾くのを聞く機会がありました。けれども演奏会しかなかったわけではなく、オペラの上演もありました。優れた指揮者で第一級の人物だったアンドレ・クリュイタンス[5]がリヨン・オペラ座の音楽監督に任命され、私はそこで、リヒャルト・ヴァーグナーの《ニュルンベルクのマイスタージンガー》、モデスト・ムソルグスキーの《ボリス・ゴドゥノフ》の上演に初めて接しました。《ボリス》は私が見た最初のオペラのひとつでした。それは、視覚的にも聴覚的にも本物の体験でした。今となっては、それが高い水準のものだったかどうか、私には言えません。私は自分が耳にしたものに応じてすべてを発見していったし、私には比較の手段はありませんでしたからね。でも私はその思い出を大事に持ち続けてきました。それは私が音楽に「浸りきった」時期です。

現代的な音楽については、当時アルチュール・オネゲルがフランスでは指導的な音楽家で、彼の作品を聴くことも私を大変刺激しました。現代的な音楽はすでに私を大変魅惑していて、それに「磁化されて」いたも同然でした。或る日、ラジオの実況中継で、イーゴリ・ストラヴィンスキーの《サヨナキ鳥の歌》をエルネスト・アンセルメ(6)の指揮で聞いたことをとてもはっきり覚えています。ひとつのパッセージが当時私を物凄くびっくりさせました――私は衝撃を受けたと同時に魅了されたのだと思います。それはヴァイオリン独奏が二本のクラリネットで伴奏されるところです。今日私がこの作品を指揮する際、あのパッセージを聞いた時に抱いた衝撃を未だに思い出します。今では、それはもはや衝撃ではないのですが、格別な味わいを保っています。

アルシャンボー　パリで、あなたは数多くの演奏会に出かけたと思いますが……

ブーレーズ　私の懐具合に応じてですが、懐具合は良くなかった……　もっとも、それは私にとって何か一種の不公平と思われてきた事柄です。あなたが一定の名声を得れば、皆があなたに催し物の

(3) 一九四〇年六月の独仏休戦協定後、南半分は傀儡ヴィシー政府が統治し、それ以外はドイツ軍の占領下にあった
(4) Alfred Cortot（一八七七〜一九六二年）、二十世紀前半のフランスを代表するピアノ奏者・指揮者・教育者・著述家。
(5) André Cluytens（一九〇五〜一九六七年）、ベルギー生まれ、フランスで活躍した指揮者。
(6) Ernest Ansermet（一八八三〜一九六九年）、スイスの指揮者・著述家。

座席券を送ってきます。そしてあなたはどこへでも行けるわけでもない。それほど申し出は多いのです。今日では学生のための割引がありますが、当時は、ずっと限られていました。私は催し物へ行ったけれど、自分が望んだほどではなかった……

アルシャンボー　恐らく状況の方もそれほど良くはなかったのでは？　一九四三年のパリで……

ブーレーズ　いや、あなたは間違っていますよ。あなたの世代(7)の人たちに向かって話す際、占領下でも文化活動が存在し得たことに彼らが驚くのを眼にして、私はいつもびっくりします。文化活動があったばかりか、それはとても活発だったのです。大勢の人々が、他にすることは大してなかったので、文化活動に、そしてとりわけ音楽会に向かいました。一九四四年八月、パリ解放のほんの数日前、ピアノ奏者のジャン・ドワイアン(8)がサル・ガヴォーで催した演奏会のことを私はとてもはっきり覚えています。

首都には独特な雰囲気が漂っていました……　何が起ころうとしているのだろう、そしてそれはすぐには起こらないのではないかと人々は思っていました。それは午後でした。自然光のもとで演奏会が行なわれたからはっきりと覚えています。サル・ガヴォーは満席でした。そしてそれは例外的なことではありませんでした。

私はまた、ヴィスコンティ通りの家で行なわれたメシアンの授業も思い出します。もちろん、それは内輪のものだったのですが、そこでもまた、人々はひしめいていました。皆、可能な手段でやってきました、徒歩で、自転車で…… 彼らは、当時の日常生活の困難さをある程度埋め合わせてくれる集会に参加し、見たり聞いたりしたいという願望を持っていたから、そこに集まってきたのです。戦争が終わり、生活が再びもっと容易になると、そうした熱意は冷めてしまいました。人々は消費し始めることができ、文化的なものは背後に追いやられました。それはまさに東ヨーロッパで起こったことです。人々はもはや劇場へ行きたいと思わなくなり、冷蔵庫やもっと性能の良い自動車が欲しいと思うようになったのです。東ヨーロッパが西側に向けて開かれた時、私はフランスにおける一九四五年から四六年の状況を再び見出したような印象を持ちました。

アルシャンボー あなたはパリ音楽院に一九四三年に入りました……

ブーレーズ 私はジョルジュ・ダンドロの和声準備クラスに入りましたが、彼の授業が大事な思い出を残したとは言えません。パリでのその最初の一年間、音楽院演奏会のおかげで、私は音楽を発見し続けました。そこで私はシャルル・ミュンシュ(9)が指揮する音楽を聞くことができました。私がオ

(7)アルシャンボーは一九四六年生まれ。
(8)Jean Doyen(一九〇七~一九八二年)、フランスのピアノ奏者。
(9)Charles Munch(一九〇五~一九六七年)、アルザス地方ストラスブール(当時ドイツ領)生まれ、後にフランスに帰化した指揮者。

リヴィエ・メシアンの作品、《ヴァイオリンのための主題と変奏》を初めて耳にしたのもそこでです。今では、それはメシアンよりもはるかにセザール・フランクの作品を私に思わせるにせよ、それでも、とりわけ旋法的な語法に大きな独自性が見出されました。メシアンは危険な人物として通っていたので、彼についての話はすでに耳にしていました。意外に思われるかもしれませんが、一九四四年に、まだメシアンは後にそうなったような傑物ではありませんでした。当時の彼は作曲の教授ではなく、和声の教授でした。そのうえ、私の発案で、私たちは彼を作曲のクラスの主任に任命するよう音楽院に手紙を書いたのですが、彼があまりにも生徒たちに影響を与えすぎることを恐れて、音楽院はその地位を彼に与えませんでした。彼は分析の教授に任命され、次いで後年になってやっと作曲の教授になったのです。最初の準備期間を終えると、私は彼のクラスに加わりたいと思い、彼に会いたいと頼みました。私の資料はザッハー財団(10)に集められてきていて、今日ではそこにあるはずのその時期の一通の手紙の中でメシアンは、彼の友人だったエジプト学者ギー＝ベルナール・ドラピエールのヴィスコンティ通りの自宅サロンで、イヴォンヌ・ロリオ(11)が演奏するピアノのための《アーメンの幻影》を聞きに来るよう私を招待しています。彼のクラスに入るには、試験に合格する必要があったので、彼は準備のために私を個人的な生徒にし、何度かレッスンをつけてくれました。それから私は彼のクラスに加わり、一年後に賞を取って、そこを卒業しました。

アルシャンボー　音楽院におけるメシアンの授業についてもっと話してくださいますか?

ブーレーズ　私はメシアンが音楽院で行なっていた和声の授業と、音楽院の外で、彼が自分のもっとも出来のよい生徒たちを相手に行なっていた分析と作曲のクラスに出席しました。私が作曲に向かうようになったのは彼の授業のおかげです。当時、作曲に関しては、まったくの不毛状態だったと言わなければなりませんね……

アルシャンボー　音楽院では、作曲がピアノに勝ったわけですね……　とはいえ、あなたはピアノ奏者としてキャリアを成し遂げなかったことに後悔しなかったのですか？

ブーレーズ　私は自分が十分早くにピアノを始めなかったことを間もなく悟りました。十七歳でピアノを「本格的に」始めるのでは、専門家になろうとする場合、遅すぎます。ですから私はこだわりませんでした。同じ時期に、私の興味を本当に惹きつけるのは作曲だということに気づきました。それで私はピアノの勉強に固執するのをやめました。私にはピアノを弾けるという以上の野望はなかったからです。私はつねに作曲に興味を抱いていて、つねに作曲の仕事の方が面白いと思ってきました。楽器を知ることは良いのですが、キャリアを築くとなると、とにかく私が音楽院にやって来た時には、あまりにも遅すぎました。多分、当時はまだ幾らか未練があったと思いますが、いっ

（10）ザッハー財団およびその創設者パウル・ザッハーについては本書八三頁以下参照。
（11）Yvonne Loriod（一九二四～二〇一〇年）、フランスのピアノ奏者・教育者、一九六二年メシアンの後妻となった。

たんオリヴィエ・メシアンのクラスに入ると、一枚のページが決定的にめくられたわけです……

アルシャンボー　音楽院にはメシアンしかいなかったのですか？

ブーレーズ　メシアンは別として、もうひとり、一緒に対位法を勉強するのがとても好きだった先生がいました。オネゲル夫人のアンドレ・ヴォラブールです。私は彼女の教育に素晴らしい思い出を抱き続けてきました。それは他の対位法のクラスには当てはまりませんでしたね。トニー・オーバンやアンリ・ビュッセールのもとでは、何かを学べるということはなかった。未だなお十九世紀、それも良い十九世紀ではなく、悪い十九世紀にとどまっていたのです！　メシアンはたしかに、私に欠けていた後押しをしてくれました。どうやって自分に提起されていた諸々の問題を解決し、どうやってそこから抜け出すかを私は自問していたのです。そして彼に出会うことで、きっかけが摑めました。勉学を進めていくにつれ、彼以外の誰かと勉強しても無駄だということを私は悟りました。ルネ・レーボヴィッツ(12)とのいくばくかの接触は、結果として、私に音楽院を去るという決心をもたらしただけでした。私はもう一年、対位法とフーガのクラスに在籍し、次いで学院外でメシアンのところに再び行きました。作曲のクラスについては、私には興味がなかった人たちが受け持っていたので、出席さえしませんでした。

アルシャンボー　なぜレーボヴィッツの教育はあなたの気に入らなかったのですか？

ブーレーズ　私はそれを不毛だと思っていました。伝統的なアカデミズムではなかったけれど、結局、それ以上のものではほとんどなかった……　様式的内容に気を配ることなく、十二の音を列挙しつつ分析するというのはまったく馬鹿げていました。それは算術以上の何ものでもありませんでした。アルノルト・シェーンベルクの《管弦楽のための変奏曲》作品三十一や、アントン・ヴェーベルンの《交響曲》作品二十一の彼による分析は私に何らの興味も生じさせませんでした。ガス・メーターの検針をしているような気がしましたね。おぞましいものだった！

アルシャンボー　けれども、レーボヴィッツのユニークさは、当時まだほとんど知られていなかった作品を勉強させようとして彼が抱いた勇気にあったのではありませんか？

ブーレーズ　レーボヴィッツは十二音音楽技法を不適切に伝えたのです。彼にとって、そうした教育はとりわけ一種の踏み台であって、いわば、それ以上のものではなかったと私は思います。彼は〔新〕ヴィーン楽派の影響下にあって、それを自分の「営業財産」にしていました。それに、彼が自分でそう主張していたようにシェーンベルクの生徒だったということが疑われてきたことをあなたは知っていますか？　シェーンベルクは、ベルリンで教鞭を取るために、とても早くにヴィーンを離れ、その後アメリカ合衆国に亡命しました。或る人々はシェーンベルクとレーボヴィッツの間の

---

(12) René Leibowitz（一九一三～一九七一年）、ポーランド出身、フランスに帰化した作曲家・教育者・指揮者。

教育上の実際の繋がりを疑いすらした……　レーボヴィッツはヴィーンの三位一体〔シェーンベルク、ベルク、ヴェーベルンの三人を指す〕を神格化することで満足し、彼らの作品を一種の算術的束縛の中に閉じ込め、結局、彼らの創意を否認したのです。さらに私にとって不快だったのは、彼の想像力の欠如でした。私がメシアンの「文体的遅れ」と呼んでいたものにも、私は同様に抵抗しましたが、メシアンには想像力があったし、そして特に本当の視点というべきものがあった……

アルシャンボー　オリヴィエ・メシアンの教育は、何において異なっていたのですか？

ブーレーズ　彼の教育の意義すべては、音楽についての歴史主義的な彼の考え方にありました。メシアンは抽象的にではなく、つねに一定の文体論に関連して課題をこなしていました。そうしたアプローチは音楽院の対位法やフーガのクラスには存在していませんでした。作品から完全に切り離されたアカデミックな練習課題をやるのはまったくつまらないと私は思っていて、最終的に私はフーガのクラスから追い出されました。私は音楽院の院長にかなり生意気な手紙を書き、その中で、生徒の欠席よりもむしろ教育の質を心配すべきだと彼に言ったのです。教育の内容は欠席簿よりも大事であり、院長たる者は誰が欠席したかではなく、なぜ生徒たちが欠席するかを問うべきだと……

アルシャンボー　どんな作品をメシアンは分析していたのですか？

ブーレーズ　和声のクラスでは、和声にとって本質的なものを彼は演奏し、分析していました。つまり、バッハ、モーツァルト、もっと程度は劣っていましたがベートーヴェン、シューベルト――もっともシューベルト以上にシューマンかな――、ドビュッシーとラヴェルは年度の最後に勉強させました。私たちはヴァーグナーも勉強しました。メシアンが魅惑されていたのは、ドビュッシー、ラヴェル、ストラヴィンスキーにバルトーク……

アルシャンボー　メシアンはクロード・ドビュッシーの《ペレアスとメリザンド》を分析しましたか?

ブーレーズ　ええ、和声のクラスの最後に、部分的にでしたが。当時は試験の後、試験の心配をする必要のない自由な四週間があって、それは私にとってとても実りのあるものでした。メシアンが《ペレアス》、〔同じくドビュッシーの〕ピアノのための《練習曲集》、バルトークの作品十八〔《三つの練習曲》〕を分析したのを思い出します。《ペレアス》はメシアンの心にひっかかっていた作品、彼の世界の要となる作品だったと私は思います。彼の分析は私に大きな影響を及ぼしました。一層難しかったけれど、同時に一層有益だった。というのも現代的な音楽語彙は私にとってより近しいものであり、もっと古い語彙を用いるよりも容易にそこから何かを演繹できたからです。

アルシャンボー　そして《ボリス・ゴドゥノフ》?

ブーレーズ　いいえ。あなたに言ったように、《ボリス》は私が見た最初のオペラのひとつで、ひじょうに強烈な印象を私は持ち続けてきました。私はその作品によって、オペラが何であり得るかを理解したのだと思います。《マイスタージンガー》についても同様です。リヨンで上演されたそれらのオペラについて、私はとても鮮明なイメージを抱き続けていますが、授業でそれらを分析したことはありません。

アルシャンボー　そしてあなたにとっては、《ペレアス》も同様に重要ですか？

ブーレーズ　ええ、でも私はドビュッシーと同じくらいヴァーグナーに愛着を抱いています。ムソルグスキーにも愛着を覚えますが、ヴァーグナーが金字塔〔不朽の業績〕であるのに対して、ムソルグスキーはひとつの業績ですね。ムソルグスキーは極めて独創的な才能の持ち主だったと思いますが、失敗したのです。それもアルコールだけが原因ではなく……　彼は自分の書法をうまく展開させることができなかったので、アルコールはひとつの代償だったに違いないと思います。彼はずいぶん先の方まで進みましたし、もっと先へ進めたかもしれません。《ボリス》にはとてもうまく位置づけられた歌曲がありますが、それらは番号のついたもの〔独立したアリアなど〕にとどまっています。ヴァーグナーの偉大な力量はオペラにおいて連続性を創り出したことで、それは大きな革新です。ベルリオーズやムソルグスキーも大好きですが、私がヴァーグナーは限りなく一層強力な革新者だと認めるのはそうした理由のためです。彼は物事をその帰結の極限にまで推し進めた……

アルシャンボー　では〔新〕ヴィーン楽派は？

ブーレーズ　メシアンは〔新〕ヴィーン楽派にそれほど惹きつけられてはいませんでした。彼はよく知らなかったのです。それでも私たちはシェーンベルクの《ピエロ・リュネール》とベルクの《抒情組曲》を勉強しました。〔新〕ヴィーン楽派の音楽は、フランスではほとんど演奏されていなかったのですから、それを知らなかったことで私は彼を非難しはしません。ずいぶん前から、ドイツ文化に対する著しい敵意とまでは言わないにせよ、たしかな反発がありました。音楽の領域における、そうした否定的な反応は戦前からありました。多数の音楽家たちは、自分たちの先輩がヴァーグナーを理解せず、幼稚な反ヴァーグナー主義を奉じたのと同様に、〔新〕ヴィーン楽派の音楽を理解していなかった。多分そうしたことすべてには、七十年以上続いたフランスとドイツの間の長く血なまぐさい紛争も考慮に入れるべきでしょう。ドイツの反啓蒙主義に抗して、私たちはフランス的明晰を体現していたというわけです。同じ類の愚かさが三世代の間、私たちのところ以外で何が起こっているかを眺めるのを妨げたのです。ナチスの連中がある種の芸術にまとわせた「退廃芸術」という不名誉なレッテルも忘れるべきではありません。〔新〕ヴィーン楽派の仕事もそれに含まれていました。という次第で、ドイツ文化は、私たちの国で拒絶されるためにナチスを必要としませんでした。つまり、一九二〇年代の初めからそうだったのですから。ドイツ文化を知らしめようとして何人かの先駆者が行なった試みは失敗に終わりました。

シェーンベルクやストラヴィンスキーを拒絶するたしかな理由はあるかもしれないし、或る音楽家に飲みこまれてしまうことを恐れてその人物に反対することもあるかもしれない――たとえば、ドビュッシーがヴァーグナーに対してそうしたように。けれどもまさに反対するために反対するのは馬鹿げています。提案する以上に興味深いことは何もありませんから。一般に、皮相な反発は何の得にもなりません。

そうした音楽を演奏する実際上の問題も同様に提起されてきたとも言う必要があります。最初に演奏した人たちには大した能力はなく、プロ意識が欠けていたからです。時として、彼らは、その音楽が楽譜の状態にのみとどまっていた以上に、演奏することによってそれに多くの損害を与えていました。私はレーボヴィッツやマックス・ドイチュが催した幾つかの演奏会に出かけましたが、彼らは指揮する術をわきまえていなかったので、ひどいものでした。当時、「盲人の国では、片目の人は王様〔鳥なき里のこうもり〕」だったのです。それは、そうするための音楽レヴェルを手中にする日まで演奏会で指揮をしないと私が決心した理由でもあります。ですから、「ドメーヌ・ミュジカル」を始めた際、優れたプロだったシェルヘン(13)やロスバウト(14)のような人物に声をかけたわけです。

アルシャンボー　デゾルミエール(15)は彼らのようなレヴェルでのプロたる資格を持っていたと思いますか？

ブーレーズ　多分……　けれども、デゾルミエールは、ドビュッシーの《ペレアス》や、《結婚》あるいは《春の祭典》といったストラヴィンスキーの幾つかの作品では楽な感じだった分、ベルクの

《室内協奏曲》ではるかに寛げていませんでしたね。優れたプロでしたから、恐らく、いつかは楽に振るに至ったでしょうが…… でも、最初の接触では、その音楽は彼の当初の感受性からはかけ離れていました。

アルシャンボー メシアンは、音楽院の外での授業でどんな作品を分析したのですか?

ブーレーズ 音楽院以外での彼の作曲および分析の最初の授業で行なったラヴェルの《マ・メール・ロワ》の分析を私はとてもよく覚えています。それに、私はその作品を指揮するたびに——かなりしばしば指揮することがあったのですが——、私はいつもラヴェルのその作品との最初の接触を思い返します。どのようにしてひとつの作品を分析できるのかを、私はその時本当に理解したのです。まず、詩的出典、音楽家に霊感を与えたテクスト、つまりシャルル・ペローの『鵞鳥おばさんの話(*Contes de ma mère l'Oye*)』へとメシアンは遡りました。それから、彼はもっぱら音楽的な内容を、次いでオーケストレーションを分析しました。ストラヴィンスキーの《ペトルーシュカ》の分析も思い出します。メシアンは、リズムの側面、オーケストレーション等々を分析していきました。すべて

(13) Hermann Scherchen(一八九一~一九六六年)、ドイツ出身の指揮者・作曲家。現代音楽の推進者。
(14) Hans Rosbaud(一八九五~一九六二年)、オーストリア出身の指揮者。現代音楽の擁護者として著名。
(15) Roger Désormière(一八九八~一九六三年)、フランスの指揮者。

を検討したものです……　分析とは何か、そしてそれはどのようにして役立ち得るのかを私が理解したのは彼との接触においてでした。私たちは、ひとつの作品について本当の探究を行ないましたね、本当に徹底的に検討しました。そして分析とは、まさにそうしたものです。つまり、不毛なやり方ですべての要素を粉々にするのではなく、それらを見渡すことによって詳細に分析するのです。もちろん、もし私がその年代に戻れるとして、今日どう考えるか、私には分かりません。でも当時の私にとっては極めて重要でした。

アルシャンボー　当時あなたに最も影響を及ぼした音楽は何でしたか？

ブーレーズ　モーツァルトの幾つかのオペラ、特に《ドン・ジョヴァンニ》。でもベートーヴェンの晩年の四重奏曲やソナタ、そして交響曲第九番にも影響されました。しまいには、ブラームスやムソルグスキーを次第に脇に追いやりました。ヴァーグナーについては、《マイスタージンガー》と――当時とてもポピュラーだった――《トリスタン》だけが上演されていたので、他のオペラは知りませんでした。私の勉学時代を通じて、《指環》を観る機会はまったくありませんでした。ドビュッシーも挙げることができます。私はすぐに――《練習曲集》を含む――すべてのピアノ作品と、またオーケストラ作品も知るようになりました。後者はそれほどたくさんないのですが、《牧神の午後への前奏曲》、《夜想曲》、《海》、そして《遊戯》といった作品です。その反面、《ペレアス》を私は耳にしたことがありませんでした。メシアンがとてもしばしば分析し、彼に多大の影響を及ぼした作品ですが……　バルトークの《弦楽のための音楽》、弦楽四重奏曲〔六曲ある〕、《二台のピアノと打楽器のためのソナタ》、ピアノ協奏曲第一番と第二番にも大いに興味をそそられました。さらにストラヴィンスキーの主要な作品、とりわけ四つのバレエ音楽、つまり《火の鳥》、《ペトルーシュカ》、《春の祭典》、《結婚》、そして程度は劣るけれど《詩篇交響曲》も。〔新〕ヴィーン楽派については、全体的には知りませんでした。一九四四年には、まだ楽譜が重版されておらず、それらを入手するのに大変苦労したからです。もはや見つからなかったヴェーベルンのスコアを写譜したのを覚えています。

後にベルクの《アルテンブルク歌曲集》のような作品にとても興味を持ちましたが、それは後年のことです。ピアノ縮約版は、一九五二年か一九五三年に、管弦楽スコアの方は一九六〇年代初めになってようやく入手できました……　私がバルトークのピアノ協奏曲の管弦楽スコアを知ったのは、一九五〇年代末にドイツにやって来た時にすぎません。それ以前は、二台ピアノ用の縮約版しか手に入らなかったのです。

アルシャンボー　そうした楽譜の欠乏の原因は何だったのですか？

ブーレーズ　戦争によってヨーロッパが荒廃したこと、また「〔第二次大戦中のフランスの〕国土解放」時に、とりわけ紙に関して、人々が経験した諸々の問題すべてです。それらの楽譜は戦前に印刷され、品切れになっていたので、一九四四―一九四五年にはもう入手できませんでした。私は後になって、重版されていなかった《春の祭典》のスコアを、一九二五年か一九二七年に出たロシア音楽出版社の版で見つけることはできたのですが(16)。音楽院には、四手ピアノ用縮約版がありました。さらに、ＬＰと呼ばれた三十三回転のレコードが手に入るようになったのは一九四〇年代の末にすぎません。それ以前は、まさに先史時代でした。音楽院での仲間の家で、ピエール・モントゥー(17)の指揮による《春の祭典》の古い録音を聞いたことがありますが、三分半ごとに止まったものです……楽譜や音響資料を手に入れるにあたっての困難は見当がつかないでしょう。極めて容易にすべてを入手できる今日では、驚くべきことのように思われるかもしれない。神話時代の話をしているようだけれど、たかだか五〇年ほど前のことです。

アルシャンボー　もし今日、あなたが教育者としてのメシアンの立場に身を置くとしたら、同じように行動しますか?

ブーレーズ　後年、一九六一年から一九六三年まで、私自身バーゼルで教師をした際には、メシアンの方法に従いませんでした。一年に二つの作品か二つの作品シリーズを、つまり半期にひとつずつ勉強させました。毎回、ひとつの作品に集中することが問題だったのです。たとえば、私たちは半期すべてをベルクの《ヴォツェック》に、そして残りの半期をドビュッシーの《ピアノのための練習曲》に費やしました。最終的に重要なのは、或るひとつの作品の一般的な構造を考察する術を学ぶということです。それはたんに、その作品の展開だとか、ひとつのアイデアがどのように展開されているかを考察するだけでなく、或るアイデアを起点に、どのようにして何かを生み出すのかを考察することです。そのことは「増殖」という私にとって大切な概念に一致します。私は作曲の学生たちに、たとえばシェーンベルクの《ピエロ・リュネール》の一楽曲を分析のテーマとして与えました。次いで、次回に彼らと会った際には、ひとりの生徒に数分間授業をしてもらいました。批評を許そうと考えたのです。ただし不毛ではないようなやり方でですが。誰かが或る作品を批評する場合、自分の批評を裏付け、能動的であるべきで、受動的に批評するだけで満足してはならなかった。物事が別様にも作られ得ただろうと言うだけでは不十分で、別のものを提案する必要がありました。それは能動的な教育形式です。つまりもし批評するのなら、何か別のものを提案しなさいと言うのです。

アルシャンボー　メシアンの音楽はあなたにどのような影響を及ぼしたのでしょうか？

ブーレーズ　あなたを驚かせることになるかもしれませんが、私は初期のメシアンの作品がとても好

---

(16) 四手ピアノ版は一九一三年、フルスコア版は一九二一年にロシア音楽出版社（Édition Russe de Musique）から出版。戦後、一九四七年に英ブージー&ボークス社から改訂版が出版された。
(17) Pierre Monteux（一八七五〜一九六四年）、フランスの指揮者。一九一一年からはロシア・バレエ団の指揮者としても活躍。

きです。私は《ミのための詩》をずいぶん指揮してきました。私が彼の第二次大戦前の時期の作品を見出したのは、彼の生徒になってからでしたが。メシアンの個性は一九四四年以降、《幼子イエスに注ぐ二十のまなざし》と共に明らかになっていきました。初期の作品は、一九五〇～一九六〇年代の作品――つまり《オルガンの書》や《クロノクロミー》などでメシアンは素晴らしい探究をしました――と同じくらい私の興味を惹きつけました。時間に関する彼の思索、音楽的時間や、モード――語の字義通りの意味での「モード（旋法）」、つまり「音程のモード」――についての彼の省察、インドやバリの文化といった非・西洋の音楽文化に対する彼の好奇心、グレゴリオ聖歌に対する彼の関心……　そうしたものすべては私自身の音楽形成においてとても重要な里程標を形作りましたね。

グレゴリオ聖歌について言えば、メシアンは第二回バチカン公会議(18)の改革には憤慨していました。私は彼の見解にまったく賛成でした。つまり、カトリック信者たちが第二回バチカン公会議以降に歌い始めた〔日常語による〕讃美歌はまったくひどいのに対して、〔ラテン語による〕グレゴリオ聖歌は素晴らしいのです。

メシアンのオルガン音楽は、それが典礼にも演奏会にも属さないので問題を生じさせます。それは不安定な状態にあるわけです……　奇妙な残存物ですね。彼の《オルガンのための楽曲》は多かれ少なかれ典礼からは独立していて、教会でも、演奏会場でも演奏されません。演奏会場の音響はそれらの楽曲の演奏にはそぐいませんし、またオルガンの全レパートリーが――十九世紀のそれを含め——そこから排除されています。バロック時代のオルガン音楽について言えば、それは教会で演奏されますし、教会は教会であると同時に演奏会場なのです。大抵の場合、まさに音楽的な表現行為は、聖務日課や文字通りに宗教的な用途以外のところで展開されます。レパートリー全体にとって同様、メシアンの作品についてもそうなのです。

アルシャンボー　オルガンの響きは好きですか?

ブーレーズ　オルガンはあまりにも静止的な響きを持った楽器です。その音色は好きですし、望むだけの時間ひとつの音を引き伸ばすことができ、そこから永遠という感情を引き出せます。けれどもその力強さは好きではない。ノートル・ダム大聖堂のオルガンでピエール・コシュロー[19]が音量を一杯にあげて演奏したのを聞いた覚えがありますが、ひどかった……　音色は私の興味を惹くけれど、静力学——つまりプランごとに決定されたダイナミクス——は私にはまったく限定的な興味しかありませんね。

アルシャンボー　その当時、メシアンの周囲には若い音楽家たちのグループもありました。どんな人

(18) 一九五九年から一九六五年に開催。
(19) Pierre Cochereau(一九二四〜一九八四年)、フランスのオルガン奏者・即興演奏家・作曲家・教育者。

たちでしたか？

ブーレーズ　セルジュ・ニグ[20]、ジャン＝ルイ・マルティネ[21]、イヴェット・グリモー[22]、イヴォンヌ・ロリオ。

アルシャンボー　そのグループとあなたとの関係はどうだったのですか？

ブーレーズ　私たちは皆メシアンの生徒でした。でも私は自分が彼らととても近しいとはけっして思いませんでした。結局、私はすぐに彼らとは距離を置き始め、断絶はなかったのですが、一九四七年にはすでに彼らから遠ざかっていました。当時、私をジャン＝ルイ・マルティネやセルジュ・ニグから引き離したのは、社会主義的リアリズムでした。それにはまったく同意できませんでした。第二次大戦後のスターリン体制の文化大臣、アンドレイ・ジダーノフのテーゼ、音楽に関する強権的命令は私を共産主義から永遠に解放してくれました。それは非常識でした。ナチスはすでに同じことをしていました。彼らも芸術に関して何をすべきで、何をすべきではないかを定めたのです。

或る日、私はこの問題についてミシェル・フーコーと話し合いました。彼は私の政治的アンガージュマンについて尋ね、私は、自分のアンガージュマンは一九四七年から一九四八年、つまりジダーノフが芸術一般についての、特に音楽についての彼の規則を発表した時に出し抜けに終わったと答えました。或る政府あるいは或る政党の文化政策は私にとって極めて重要な事柄です。つまり或る政策が受け入れられるか、受け入れられないかは、或る政党あるいは或る政府が推し進める選択や文化政策で判断されます。

だからといって、私が別の党派を支持したわけではありません。でも、とにかく、私にはそのような政策に賛同することはできませんでした。嫌な時代でした。

絵画でも同様でした。アンドレ・フジュロン[23]やルイ・アラゴン[24]といった人たちの演劇症じみた行動はひじょうに不愉快でした。彼らは受け入れ可能な絵画とそうでない絵画について休みなく規則を定めていましたし、アラゴンはつねに党の最新の背信的命令のままに行動していました。或る日、彼はチトーを賞賛し、その後間もなく、同じチトーは人間の屑になりました。アラゴンだけではなく、そうした類の人物は他にたくさんいました。たとえば、ジャン・カナパ[25]のような政治家とか

(20) Serge Nigg（一九二四〜二〇〇八年）、フランスの作曲家。
(21) Jean-Louis Martinet（一九一二〜二〇一〇年）フランスの作曲家。
(22) Yvette Grimaud（一九二二〜二〇一二年）、フランスのピアノ奏者・作曲家・民族音楽学者。ブーレーズの《ノタシオン》、第一ピアノソナタなどを含む多数の現代曲を初演。
(23) André Fougeron（一九一三〜一九九八年）、フランスの画家。一九三五年、アラゴンの主導する文化センター運動に参加。一九四〇〜五〇年代にかけてはフランス共産党の推進する「社会的芸術」の代表的人物として「社会主義リアリズム」絵画を制作。
(24) Louis Aragon（一八九七〜一九八二年）、フランスの詩人・小説家・批評家。ブルトンらとシュルレアリスム文学の活動をした後一九二七年フランス共産党員になり、共産主義文学に進んだ。
(25) Jean Kanapa（一九二一〜一九七八年）、フランスの作家・政治家。高校でサルトルの生徒で、当初近しかったが後

…… 私はそうしたペテン師とはけっして付き合えなかったけれど、作曲家セルジュ・ニグのような人物に起こったのはそうしたことだと思います。彼が自分のアンガージュマンにおいて本気だったのかどうかは私には分かりませんが、私に分かることは、それこそが彼の創造に壊滅的な帰結を及ぼしたということです、或る日、シェーンベルクは現代音楽の偉大な範例だと断言し、翌日、同じシェーンベルクのコスモポリタニズムは絶対受け入れがたいと宣言するなどということはできません。最後には自分で自分を裏切ってしまう……

アルシャンボー 一九六〇年代、あなたは「一二一人のマニフェスト」[26]に参加しました。政治的なアンガージュマンはあなたにとって何を表しますか？

ブーレーズ マニフェストに署名することが問題である場合、例外的な状況でしかそうすべきではありませんね。さもないと自分の働きかけの信用を落としかねないことになります。あらゆる働きかけは、他者に熟考させるような、しっかりとした政治的論理に基づいていなければなりません。

アルシャンボー 独創的芸術家は政治的関与を必要とするのでしょうか？

ブーレーズ 知識人が政治的観点から誰よりも洞察力を持っているとは思いません…… 残念ながら、倫理は才能とか天賦の才とは何ら関係がないのです。ヴァーグナーの反ユダヤ主義はまったく致命的欠陥ですが、だからといって、《パルジファル》が極めて優れた作品であることに変わりはありません。セリーヌ(27)の態度はおぞましかったけれど、彼が作品を書く際には、ただ単に言語の天才でした。もちろん、人間と芸術家がルネ・シャール(28)のように同じスケールであることは望ましいのかもしれませんが、才能とか天賦の才は、品性とは何ら関係がないのです。公民としての勇気は持っていても才能はない人がいますし、才能はあっても公民としての勇気がない人もいます。しばしば二つはあまりにも混同されがちです。ジャン＝ポール・サルトルはその完璧な例です。大作家で、とても高邁な人物でしたが、自身の人生やアンガージュマンにおいてどれほど愚かしいことを言ったり、書いたり、やったりしたでしょうか。多くの人たちが、共産主義は高邁な理想だからという理由でグラーグ(29)を糾弾しなかった……

アルシャンボー　あなたが作曲を始めた時、あなたは自分が同時代の人たちから孤立していると感じ

に後者の実存市議的立場を批判、一九四四年フランス共産党員となる。

(26)「アルジェリア戦争における職務離脱権利に関する宣言」、知識人・大学人・芸術家の署名を集め、一九六〇年九月六日『真実‐自由（*Vérité-Liberté*）』誌で公刊された。

(27) Louis Ferdinand Céline（本名Louis Ferdinand Auguste Destouches）（一八九四〜一九六一年）、フランスの作家。第二次世界大戦前後に反ユダヤ主義的な評論やパンフレットを数多く発表。

(28) 本書七頁、注（1）および一九三頁以下も参照されたい。

(29) ソ連の強制収容所制度・組織。

ましたか？

ブーレーズ　音楽院の学友の誰とも交際は続きませんでした。作曲家は感じ取ったものに応じて書くわけで、何も感じ取らなくなると、すぐに問題が生じます。

アルシャンボー　音楽院を出た後、あなたはどうしたのですか？

ブーレーズ　その後すぐ、一九四六年九月にジャン＝ルイ・バロー[30]の劇団に入りました。バローが独立した劇団を創設した後の最初の出し物『ハムレット』の舞台音楽を書いたオネゲルのおかげでした。スコア上、オネゲルはオンド・マルトノ奏者をひとり必要としていて、私はそれを演奏できたので、オネゲルの推薦でバローは私を雇ったのです。そのようにして、私は生活費を稼げるようになりました。

アルシャンボー　バローの劇団に入る直前に、フォリー＝ベルジェール[31]〔でのアルバイト〕があったのでは？

ブーレーズ　そうです。音楽院を出てからバロー劇団へ就職するまでの間です。フォリー＝ベルジェールには、ショーの音楽アレンジを担当する指揮者がいました。小編成のオーケストラしか使えなかったので、オンド・マルトノが恰好の解決策だと彼は考えたのです。それはオーケストラの一種の代用品のようなものなので。ただし、正規雇用ではなく夏の数か月間、臨時で働いただけです。

その後、一生ミュージック・ホールからは解放されました！

アルシャンボー　あなたにとって、バロー一座での仕事はどのようなことを意味しましたか？

ブーレーズ　バローの一座は、当時の最も優れた俳優たちで構成されていました。ピエール・ブラッスール、エドヴィージュ・フイエール、そして正規のメンバーとしてはジャン・ドザイ、ジャン＝ピエール・グランヴァル[32]……水準は素晴らしいものでした。バローのために働く気になったのには幾つかの理由があります。レパートリーは興味深く、また私がそこですべき仕事は、それほど時間を取らず、私に自由な時間を残してくれました。後になって、劇団が巡演に出かけた際には、旅行する機会も持ちました。ようやく私は世界を発見することができるようになったわけで、それまで、戦争のため、私にはそうすることは不可能でした。一九三九年から一九四五年までの間、私はティーン・エイジャーでした。国は完全に閉ざされ、そこから出ることは問題外でした。私の初め

(30) Jean-Louis Barrault（一九一〇～一九九四年）、フランスの俳優・演出家・劇場監督。
(31) パリのミュージック・ホール、一八六九年開場。
(32) Pierre Brasseur（一八八二～一九七二年）、Edwige Feuillère（一九〇七～一九九八年）、Jean Desailly（一九二〇～二〇〇八年）、Jean-pierre Granval（一九二三～一九九八年）。最後に挙げられたグランヴァルは、原文ではマドレーヌ・ルノーの最初の伴侶シャルル・グランヴァル（一八八二年～一九四三年）となっているが、息子で当初から参加していたJ＝P・グランヴァルの間違いだろう。

ての外国滞在は、一九四七年、バロー劇団に伴ってのことでした。そんなに遠くではなく、ベルギー、オランダ、スイス、ルクセンブルグでしたけれど……　それでも大きな出来事だった……

アルシャンボー　どのような資格であなたは雇われたのですか？　そしてあなたの職務は正確には何だったのですか？

ブーレーズ　私は舞台音楽を担当することになっていました。音楽家たちがスコアを書き、私はバローが望むものに音楽を合わせていきました。つまり、あまりにも長いパッセージをカットしたり、あまりにも音の強すぎる楽器を削ったりする必要があったのです……　幾らか衣装の寸法直しと似たようなことを、その種の音楽についてやりました。

アルシャンボー　あなたは何を学びましたか？

ブーレーズ　たとえば、語られるテクストに基づいて拍子を取るといった技巧を学びましたね。後になって、オペラを指揮した際、もちろん、それはもっと複雑な仕事だったのですが、当時の経験のおかげで、不安は感じませんでした。

アルシャンボー　あなたは同様に、芸術界や文学界の著名な人々とも貴重な関係を結ぶことができたのではないかと想像しますが？

ブーレーズ　私はつつましい協力者にすぎなかったけれど、その折に、何人かの大作家たちに出会いました。当時すでに高齢だったポール・クローデル(33)との出会いは強烈な思い出として残っています。彼は自分の作品の演出に介入してきたものですが、つねに自分が望むものにとてもはっきりした意見を持っていました。私は彼がバローと保っていた関係をたくさん観察しました…… またバローが一九四七年にカフカの『審判』をジッド(34)の翻案で上演した際、ジッドにも会いました。ジャン・コクトー(35)にも会ったけれど、彼にはそれほど興味を抱きませんでした。そしてジャン・ジュネ(36)にも会いましたが、もっと後になってからです。

アルシャンボー　どのくらいの間、ジャン＝ルイ・バローと一緒に仕事をしたのですか？

ブーレーズ　一九四六年から一九五六年にかけての十年です。バローには、私がそうした仕事を一生することはないだろうということがすぐに分かりました。それに、私が「ドメーヌ・ミュジカル」という冒険に乗り出した際、彼は私に対して極めて寛大でした。最初のシーズンの資金を全面的に

---

(33) Paul Claudel（一八六八〜一九五五年）、詩人・劇作家・外交官。一九二一年から二七年にかけて駐日大使。
(34) André Gide（一八六九〜一九五一年）、作家。『NRF』誌創刊者のひとり。
(35) Jean Cocteau（一八八九〜一九六三年）、詩人・作家。
(36) Jean Genet（一九一〇〜八八年）、作家。ジュネについては、本書一七八頁以下も参照。

負担してくれたは彼だったのですから。当時、バローの劇場は私営で、ですから補助金を受け取っていませんでした。一年間は私たちを援助できるけれど、その後は自分たちで、別のやり方で切り抜けなければならないよ、と彼は私に説明しました……　シュザンヌ・テズナス[37]の支援のおかげで私たちはそうすることができました。「ドメーヌ」の冒険の船出を後押ししてくれたのはバローです！

アルシャンボー　「ドメーヌ」の冒険はあなたにとって何だったのですか？　その発端、発展、その後の輝きを思い起こしてくださいますか？

ブーレーズ　最初、それはバローの計画と私の計画との一致でした。一九五〇年代初頭、私の世代の音楽については数多くの論争がありました……　その世代の音楽を耳にすることは、そのための場所がなかったので、けっしてありませんでしたし、当時の公的な機関は自らの時代の創造活動とはまったく無縁でした。そうした状況に私はとても苛立っていて、友人だったピエール・スフチンスキー[38]としばしばそのことについて話し合っていました。彼は素晴らしい音楽学者、ロシア音楽の専門家で、近代・現代音楽に造詣が深く、またストラヴィンスキーの親しい友人でした……　この事態を改善し、近・現代音楽の演奏会を組織すべきだという点で私たちは一致していました。ロジェ・デゾルミエール[39]が定期的に私たちの会話に加わりにきていて、私たちの意見を共有していました。彼は私が整えたかった演奏会の指揮者となるのに最適な人物でした。たしかに、彼はフランシス・プーランクやアンリ・ソゲの作品、つまり彼の青春時代の音楽を指揮していたのですが、私の世代の音楽にも関心を抱いていていました。不幸なことに、一九五二年春、脳卒中で彼は動けなくなり、私たちの計画に加われませんでした。その後間もなく、スフチンスキーのおかげで、私はヘルマン・シェルヘン(40)と付き合うようになり、彼が最初の演奏会を指揮しました。

同じ頃、バローは、古典のレパートリーと並行して、実験演劇を発展させたいと相変わらず思っていました。彼は、空席ができかねない余りにも大きなホールでそれを上演するのではなく、満席になるようなもっと小さなホールで上演したいと考えていました。マリニーには、以前「ペロケ〔オウム〕」というキャバレーがあったのですが、共和国大統領官邸(41)は、自分の「家」の近くにナイトクラブなど断固望んでいなかったので、一九二〇年代にそれは結局閉店してしまっていました。それで、バローはその昔のキャバレーを使って、マリニー小劇場を創設しようと考えたのです。

一九五三年の春、私たちがテュニジア巡演から帰国する船上で、バローはその新しい劇場のため

(37) Suzanne Tézenas(一八九八〜一九九一年)、フランスの文化・芸術活動の支援者。本書二二四頁以下参照。
(38) Pierre Souvtchinsky(一八九二〜一九八五年)、ロシア出身、フランスの文人・音楽学者。
(39) 本書二九頁、注(15)参照。
(40) 本書二九頁、注(13)参照。
(41) ブーレーズの冗談だろうが、マリニー劇場はシャンゼリゼ大通りとマリニー大通りを結ぶ角にあり、大統領官邸(エリゼ宮)はマリニー大通りの少し先にある。

の自身の計画を私に話してくれました。彼はレバノン人でフランス語で創作していた劇作家ジョルジュ・シェアデ(42)の作品でそのこけら落としをしようと考えていました。そこで音楽会を組織したいと私が彼に言ったところ、彼は即座に賛成してくれ、そのようにして事は始まっていきました……

最初の年、バローは赤字を補塡してくれました。それは彼の素晴らしく寛大な行為でした。助成金を受けていなかったので、私たちの演奏会を実現させてくれたのは、彼の芝居の興業収入だったのです。その年、私たちは四つの演奏会を催しましたが、上述した状態は長引かせるわけにはいきませんでした。それで、とりわけ、シュザンヌ・テズナスとピエール・スフチンスキーと一緒に、私たちは後援委員会を組織しました。演奏会はもはや「マリニー小劇場演奏会」ではなく、「ドメーヌ・ミュジカル演奏会」と呼ばれるようになりました。演奏会を劇場それ自体から区別する必要があったからです。一九五四年一月十三日が第一回で、マリニー小劇場には、バローがマリニー劇場を去った一九五六年までいました。一九五七年から一九五九年までは、当時唯一使えたサル・カヴォーで演奏会を開きました。二、三シーズンです。その後、一九五九年にバローがオデオン座を本拠地とした際、私たちは合流し、私たちのコラボレーションが再開されました。

最初の何年かが「ドメーヌ」のもっとも忘れがたい時期ですね……　同時期のバローの演劇自体が素晴らしかったこともあって。ウジェーヌ・イヨネスコ(43)の『犀』、マルグリット・デュラス(44)の『木立の中の日々』を彼が初演したのもその頃です……　彼のレパートリーはかなりの数の観客をひきつけていましたし、その一部は演奏会にも来てくれました。というのも、演奏会は、或る意味で、劇場のレパートリーの延長だったからです。界隈もその種の催しに適していましたし、人々は進んで異議を唱えたりもしました。

マウリシオ・カーゲルの或る作品が聴衆の怒りを引き起こしたのを思い出します……　人々は自分の意見を表明し、それはとても生き生きとしていました。私は一九六七年まで「ドメーヌ」にとどまっていました。その年に、マルセル・ランドフスキ(45)との問題があり、ジルベール・アミ(46)が私の後を引き継ぎました。彼はもう一年オデオン座にいて、一九六八年五月危機以降、ジャン・メルキュールが統括していた市立劇場に移りました。

アルシャンボー　一九五四年一月十三日に演奏された作品を覚えていますか？

ブーレーズ　最初のプログラムは完全に記憶しています。私ではなく、ヘルマン・シェルヘンの指揮で行なわれました。当時、私にはオーケストラの指揮の経験はほとんどなく、そうした責任を負う

(42) Georges Schéhadé（一九一〇～一九八九年）、エジプト・アレクサンドリア生まれ、レバノンの詩人、劇作家。
(43) Eugène Ionesco（一九〇九～一九八〇年）、ルーマニア・フランスの劇作家。
(44) Marguerite Duras（一九一四～一九九六年）、フランスの小説家、脚本家、映画監督。
(45) Marcel Landowski（一九一五～一九九九年）、フランスの作曲家・著述家・行政官。一九六六年、当時の文化相アンドレ・マルローにより文化省音楽局長に任命され、ブーレーズらが同人事に激しく抗議・抵抗した。
(46) Gilbert Amy（一九三六年～　）、フランスの作曲家・指揮者。

準備はできていないと感じていましたから。それは延々と続く演奏会でした。シェルヘンは、バッハの《音楽の捧げもの》を、自分が管弦楽用に書き換えた版で、ほぼ全曲演奏することを望みました。それだけですでに五十分ほどの音楽となり、それに現代音楽の部分が付け加わっていました。カールハインツ・シュトックハウゼンの《コントラプンクテ》、ルイジ・ノーノの《ポリフォニカ＝モノディア＝リトミカ》、そしてヴェーベルンの《協奏曲》作品二十四です。そして、最後に、人々の注意を惹きつけたいというバローの頼みで——彼が引き受けたリスクを考えれば大変もっともなことでした——、ストラヴィンスキーの《狐》をパントマイム付きで演奏しました。舞台はとても小さく、会場もそうで、聴衆は互いに折り重なるように座っていましたが、バローは、むろん限られたかたちでではあったけれど、本当の見世物を実現させることに成功しました。シェルヘンが指揮をし、バローと他の三人の俳優が《狐》の筋をパントマイムで表現したのです。大成功で、幾分「能」か「狂言」の精神による、最後を飾る一種の余興でした。

アルシャンボー　「ドメーヌ・ミュジカル」は年に何回の演奏会を催したのですか？

ブーレーズ　総じて、年に四回の演奏会で、けっして六回以上はやりませんでした。単純に、それ以上やる手立てがなかったからです。それらの演奏会は小編成の室内楽演奏会で、大抵指揮者なしでした。指揮者つきだと、指揮者を呼び寄せるのがあまりにも高くついたからです。やや費用のかかる演奏会は、ドイツの放送局、とりわけバーデン＝バーデンの南西ドイツ放送局の交響楽団（ＳＷ

F）の協力で実現しました。同放送局とは、音楽部長だったハインリッヒ・シュトローベル[47]、そしてその指揮者だったハンス・ロスバウト[48]と私の友情によって結ばれていたのです。そのようにして、一九五七年十月には、南西ドイツ放送響がパリにやって来て、ストラヴィンスキーの《アゴン》を演奏しましたが、指揮をしたのはストラヴィンスキー自身で、プログラムの残りの楽曲、つまりシェーンベルクの《オーケストラのための五つの楽曲》作品十六、ベルクの《オーケストラのための三つの楽曲》作品六、そしてヴェーベルンの《大オーケストラのための六つの楽曲》作品六を指揮したのはハンス・ロスバウトでした。ヴェーベルンやベルクの楽曲は、〔フランスで〕初めて公開演奏されたのです。ベルクは二十二年前に、そしてヴェーベルンは十二年前に世を去っていたのに！　私たちは五十年も遅れていた！　そのことだけからしても、当時のフランスの音楽生活が完全にブロックされた自給自足体制にあり、ゲルマン文化にはまったく開かれていなかったことが証明されます。別の機会には、ケルンの西ドイツ放送響（WDR）の助力で、私の《婚礼の顔》、シュトックハウゼンの《グルッペン》、そしてノーノの《イル・カント・ソスペソ》を演奏することができました。

（47）Heinrich Strobel（一八九八～一九七〇年）、ドイツの音楽評論家・行政官。
（48）本書二九頁、注（14）参照。なお、ロスバウトは一九四八年以降、終生同交響楽団の指揮者を務めた。

アルシャンボー　今日振り返ってみて、「ドメーヌ・ミュジカル」の経験はあなたに何を示唆しますか？

ブーレーズ　すぐさま判断することは困難でした。演奏会があり、論争があり、そうしたことすべてがどのような影響力を持っているかを知ることはできませんでした。時を経てみると、「ドメーヌ」の主要な功績は私の世代の音楽を、そして恐らく幾らかは私たちに続く世代のそれを明らかにしたことではないかと思います。

アルシャンボー　一九五〇年代の終わりに、フランスから去り、ドイツへ、次いでイギリスやアメリカ合衆国へとあなたを導いていった深い動機は何だったのですか？　あなたは外国に十九年とどまったと思いますが。

ブーレーズ　ドイツ、イギリスや合衆国に行く決心をしたわけではありません……　私の物事の見方に適った労働条件で働く可能性を私に与えてくれた国々で働いたまでのことです。人々が私を雇う際、彼らはなぜ私を雇用するかを弁えていて、意表を突くことはなく、物事は私たちの間でとてもはっきりしていました。偶然任せのことではなかったのです。私が出かけた理由は様々でしたが、主要な理由は、私たちの国〔フランス〕における同時代的な音楽生活の欠如を確認したことだと思います。

ドイツ人たちは、ナチズムの間、現代的文化を奪われていたので、戦後は彼らにとって強烈な文化発見の時期でした。それに、国を復興させるためにドイツ当局に提供されたマーシャル・プラン(49)などの大きな財政援助が加わっていました。一九一八年においてのような過ちを再び犯してはならなかった……　フランスでは、戦時中に蒙った甚大な物質的損害にもかかわらず、そうした援助はまったくありませんでした。ですから、ドイツでは、私のような新進作曲家にとても好意的な環境があったのです。

合衆国については、クリーヴランド管弦楽団の音楽監督ジョージ・セルが、私がアムステルダムでコンセルトヘボウ管弦楽団と何をやったかを知って、一九六九年、私をクリーヴランドに招きました。クリーヴランドから、ボストン、シカゴ、そしてロサンジェルスへと進んで行ったわけです……　真の雪だるま現象でした。ニューヨークにやって来た時、私は数週間演奏会をして過ごし、その後一九七一年から一九七七年までニューヨーク・フィルの音楽監督になってくれと頼まれました。

アルシャンボー　どうしてあなたはフランスに戻ってきたのですか？

ブーレーズ　一九七一年、当時共和国大統領だったジョルジュ・ポンピドゥーから夕食の招待を受け

(49) 一九四七年、当時の合衆国国務長官G・C・マーシャルによって提唱された、アメリカの援助によるヨーロッパ復興計画。

ました。彼はアンドレ・マルローとの間に起こったことを残念に思い、私のフランスへの帰還を願っていると言いました。私の答えは明快でした。つまり、オーケストラ指揮者のポストを私に提案するというのなら、私は合衆国で自分の望むすべてを手中にしているので、断る他ないということでした。私はBBCやニューヨーク・フィルといった公的な機関にも属していて、そこで幾らかは新しい血を注入することもできていました。ですから、私が、私の生活の他の時期に呼応していた「ドメーヌ・ミュジカル」やダルムシュタットでの活動を再び始めるためにフランスに戻ることはなかったのです。けれども、ポンピドゥーはまったく別の計画を抱いていました。彼は、博物館であると同時に創造的センターでもあるような文化センターを創設しようとしていて、私にその音楽部門を統括させることを考えていました。それで、物事はまったく別の展開を取るようになり、私はすぐにとても興味を持ちました。それは新しい経験で、作曲を新たに私の生活の中心に位置づけるものとなるはずでしたから……(50)

アルシャンボー　IRCAM〔音響・音楽・連携研究センター〕の考えはどのようにしてあなたの頭に浮かんだのですか？

ブーレーズ　フランスおよび国際的な音楽生活において、研究をしたり、省察を重ねたり、実験をしたりするための隠れ家のような施設がないということに私は気づいていました。当時の私にとって重要だったのは、省察の恒常的手段を創り出すことでした。テクノロジーの発展に応じて、テクノロジーと音楽との間の一定の突合せをじっくり考え、うまく解決するための時間を音楽家たちに与えるような機関を想像する必要があったのです。そして、それは独立したやり方で実現されるべきでした。つまりその機関は、合衆国においてのように大学にも、ドイツにおいてのように放送局にも依存すべきではなかったのです。というのも財政的難題が生じるや否や、そうした隠れ家は閉鎖にまで追い込まれる危険があったからです。それで、私にとってそうした組織は独立したものであることが重要だったので、ポンピドゥー・センターは、計画をうまく運ぶのにまったくうってつけの機会でした。

私には同様に、修道会的な機関に属する権限（bras regulier）との関係で在俗的な権限（bras seculier）が必要なことも分かっていて、後者がアンサンブル・アンテルコンタンポランでした。ＩＲＣＡＭで考えられ、構想された作品は、自分たちの将来のことを心配せずに、創造に完全に打ち込む可能性を作曲家たちに与えるため、演奏家集団によって伝達される必要がありました。

アルシャンボー　ＩＲＣＡＭの演奏会の組織化はそこからきているのですか？

ブーレーズ　その通りです。演奏会の私の〔曲目〕選択には独裁的な性格があると批判されましたが、

（50）André Malraux（一九〇一～一九四五年）は作家・思想家・政治家。ド・ゴールの下で、情報相（一九四五～四六年）、文化相（一九五九～六九年）。本書四七頁、ランドフスキに関する注（45）も参照されたい。

断固はっきりとさせておきたいのは、それらの演奏会は多くの場合、責任者の立場にあった人物によって行なわれ、私はすべて彼らの自由に委ねていました。またＩＲＣＡＭは地下の要塞のようなものだと主張されてもきました。あえて名前は挙げませんが、幾つかの組織とは反対に、私たちはＩＲＣＡＭで実現されたのではない作品もつねに紹介しようと配慮してきました。

アルシャンボー　あなたが提案した〔ＩＲＣＡＭの〕計画はどのようなものだったのですか？

ブーレーズ　私にはすでに完全に用意の整った資料がありました。というのもプランク研究所のための古い計画を再検討しておいたのです。一九六八年、ドイツとスイスはマックス＝プランク研究所を創設しようとしていました。この種のとても専門化された研究所は、一般に科学的な使命を帯びているものですが、ドイツ語圏の科学者たちは音楽研究所を創設しようと考え、私に電子的な実験部門を担当させようと、計画の責任者たちが会いにきたのです。それは多極的な場となるはずで、教育部門や、古楽部門なども想定されていました。そこで私は計画や資料を作成したのですが、結局、計画は流産してしまいました。ですから、私はその資料を再度取り上げ、本当にとても詳細なものを提案しました。私は全体を部門に分けていました。つまり、楽器的実験部門、電子的実験部門——当時はまだコンピューターがなかったので、そう呼ばれていたのです——、そして小さなコンピューター部門です。私はニューヨークでマックス・Ｖ・マシューズと接触を重ねていて、彼はコンピューターが担うであろう重要性について注意を促してくれたからです。皆を同じ考えに導くよう努めるため、対角線部門〔領域横断的な部門〕というのもあり、また教育部門もありました。

アルシャンボー　物事はどのようにして然るべく整えられていったのですか？

ブーレーズ　最初は少々困難でした……　ポンピドゥー・センターの当初の計画では、音楽のために用意されたスペースは取るに足りないものでした。現代音楽を参照するための小さな図書館のようなものを提案されましたが、無論、私にとってそれは論外でした。ＩＲＣＡＭは一九七七年九月になってようやく開設されましたが、調整には実際五年かかりました。私が自分のプランを携えて参加した時、センターの建設はすでに始まっていて、私の計画を、すでに立案されていた建物の中に組み入れることはもはや不可能でした。そうした点において、ロベール・ボルダーズ(51)はとても巧妙でした。つまり、学校に予定されていた土地がＩＲＣＡＭの場所となったのですが、ジョルジュ・ポンピドゥーの支持を得て、彼はその場所を明け渡させ、学校をルナール通りに移転させました。

アルシャンボー　あなたにとって、ＩＲＣＡＭはまた創造センターをも意味しているのですか？

ブーレーズ　そうです。失敗もあったでしょうが、ＩＲＣＡＭでつねに目指されてきたのは創造です。

(51) Robert Bordaz（一九一五～一九九九年）、フランスの高級官吏。一九七〇年、ポンピドゥー・センター建設の統括責任者に任命される。

そうした観点で、作品が構想に応じて演奏されるために、アンサンブル・アンテルコンタンポランとＩＲＣＡＭとの間に一致が存在するよう望んだわけです。

アルシャンボー　あなたの経歴から何を記憶にとどめておくことを望まれますか？

ブーレーズ　一定の複雑さを持った経歴であれ、それを評価するために、かならずしもそれを知る必要はありません。一本の木の果実を味わうのに、木を知る必要はありません。或るひとつの生涯には、相当数の成果が残ります。足取りによってそれらに説明を見出すことはできるし、その足取りは記述されるでしょうが、それでも、それらの成果は足取りの産物です。もし、私の一生を要約して、概略的に人々が考察するなら、それは、他のあらゆる人生同様、比較的単純だと思われますね。複雑さは細部にある……

作曲

アルシャンボー　インスピレーション〔霊感〕について語ることは可能だと思われますか？

ブーレーズ　霊感はまさに定義できない何ものかです、私は、ポール・ヴァレリー(1)のように、束縛が創造にとって絶対に必要だとまでは言わないでしょう。時としてそうではあるのですが、自然発生的なヴィジョンもまた人々の心をとらえます。

アルシャンボー　それはとても自然発生的なヴィジョンなのですか？

ブーレーズ　確実にそれは多少とも長い間、一群の要素によって培われてきたものです。すべてがそ

(1) Paul Valéry（一八七一～一九四五年）、詩人・エッセイスト・哲学者。

れに寄与したことでしょう、私の目の前にあるあの木、その葉を揺らせている風に至るまで(2)……創造のプロセスにおいては、すべてが移し換え可能です。ただし、逆もまた真実です。つまり、時として、何も移し換え可能ではなく、実現上の問題にぶつかってしまいます。けれども、私たちにアイデアを発見させてくれるのは、まさにそうした問題なのです。きっかけを与えてくれるのは、文学作品や絵画作品との接触であるかもしれません。霊感は多様なかたちをとり、またさまざまな起源をもっています。つまり、それはひとつの音響体を起源とし、そこから諸々のアイデアが演繹されるということもあるし、逆に、諸々のアイデアが一定の音響体を必要とする場合もある……

アルシャンボー　実現しないままにとどまる音楽的アイデアは存在するのでしょうか?

ブーレーズ　ひとりの作曲家が、ひとつの言語を推敲する熟練した技《メチエ》を持たずに、諸々の興味深いアイデアを抱くということはあります。そうしたアイデアは長持ちしません。その作曲家は必要な語彙を持たず、十分省察せず、あるいはその省察が不十分なやり方で方向づけられているからです。結局、自分で自分を判断できるという能力なのですが、それを持っている人と持っていない人がいます。

アルシャンボー　他の芸術諸科目に対する知識、好奇心や嗜好は、ひとりの作曲家の育成に絶対必要だと思いますか?

ブーレーズ　自分自身の世界を越えないでいると、限られた解決しか見出せない危険があります。或る期間はそれで構わないかもしれませんが、繰り返しが作曲家を脅かすようになります。でも、書いている最中に、別のものに注意を向けるなら、考えてもみなかったような解決を、そして時にはまったく無意識的にさえ発見できるかもしれません。

或る本の中で、セザンヌの風景画の複製を見た覚えがありますが、そこでは、この画家の研究者であるジョン・リウォルド(3)が、エクス＝アン＝プロヴァンスの実際の風景の写真と、ポール・セザンヌがその風景を描いた絵を比べていました。セザンヌが或る風景の写真的特質を純粋に絵画的な特質にどう移し換えたか、そして、結局はどうということのない数ある風景のひとつにすぎなかったものがいかにして普遍的な価値を獲得するに至るのかということが良く分かります。そうした省察が私の脳裏に何を生じさせるか、それが私の役に立つことになるのかは、私には分かりませんが、その種の事柄は私に省察を促しますね……　セザンヌを、当時は有名だったけれど、今日では完全に忘れられている同時代の画家の何人かと比べてみるのも興味深い。後者においては、すぐさま解読できてしまう、つまらない体系化が居座っているような機械的な手法の使用が確認されます。逆に、セザンヌにおいては、移し換えの手法が正確には分からないので、見る人に一定の神秘の余地、

（2）この部分の対話は、ブーレーズのバーデン＝バーデンの自宅で行なわれたのだろう。
（3）John Rewald（一九一二～一九九四年）、ベルリン生まれ、ユダヤ系アメリカ人の美術史家。

偉大な創造的芸術家の印を印象づけます。

アルシャンボー　作曲家であるために、あなたの考えでは、どのような音楽的知識が必要なのでしょう?

ブーレーズ　すべてを知ることはできません……　大切なのは、作曲家たちの主要な特徴、彼らの奥深い個性を摑んでいることです。もし私が演奏家だったら、恐らく作曲家についてのもっと体系だった知識を持ったかもしれませんが、作曲家として、私は自分が何かを摑めるようなところにとりわけ向かいますね。

アルシャンボー　あなたが自己形成期に聞いた音楽は、あなたの創造過程に影響を与え得たでしょうか?

ブーレーズ　私はアンドレ・マルローには好感を抱いていないのですが、(4) 彼はとても適切に、人は或るひとつの風景を眺めることによってではなく、一幅の絵を眺めることによって画家になるのだと言っています。音楽においてもまったく同じことです。つまり音楽を聴くことによって音楽家になるのです。ですから、私たちはつねに一定の歴史的伝統に従い、私たちを育んだ文化の中に自分を組み込むわけです。その後は、外挿(5)(extrapolation)できるか、それとも耳にしたものを繰り返すだけかですね。

私について言えば、私はすぐに外挿に気をそそられましたが、十分な手段を持っていませんでした。私はそうした手段を少しずつ獲得し、最終的に自分固有の表現様式を見出しました。

アルシャンボー 外挿？

ブーレーズ 私はいつも記憶には警戒しています。そして自発性は、無意識的にでさえ、記憶を大いに利用します。自分の蓄えから引き出しているにすぎないのに、何かを創造していると思い込んでしまう。そして齢を取れば取るほど、蓄えは豊富になり、そう望むわけではないにせよ、蓄えを結局使ってしまうのです。自分自身に対して距離を取るなら、そうしなければ見出されなかったようなアイデアが見つかります。省察することや、何か新しいものを見つけることを強いられますから。

アルシャンボー あなたの作品を聴く際、私にはあなたの拠りどころとしているものが分かりませんが。

ブーレーズ 私の典拠は言えますよ。ベートーヴェンの晩年の弦楽四重奏曲はそのひとつでした。け

（4）本書五三頁、注（50）、および本書四七頁、ランドフスキに関する注（45）も参照されたい。
（5）数学用語で、ある区間内の変数に対する既知の関数に基づいてその区間外での関数値を近似値的に計算する方法。ここでは既知の音楽に基づいて未知の音楽を創造する思考法について語っているのだろう。

れども自分の語法を見つけるためには自分の典拠を超越する必要がありますから、典拠を復元するのはひじょうに難しくなります。典拠がなお明白である限り、純然たる繰り返し状態にあるわけです。そしてアカデミズムは未だかつて私の関心を惹いたためしがありません。
様式的に言って、ベートーヴェンの晩年の弦楽四重奏曲は私の音楽の中に何も認められないでしょうが、それらの四重奏曲は、音楽素材を操作し、個性的な作品を想像するための刺激を私に与えてくれました。ドビュッシーの晩年の作品もまた私に大きな影響を与えましたが、その影響は、様式的特徴によってではなく、一定の思考法の外挿によって極めて漠然としているので、それを直接突き止めることは不可能です。
連続性の中で自己を革新すべきです。あちこちから分捕り品を手に入れるストラヴィンスキーのような人物の例が励みになるとは思いません。《マヴラ》が《春の祭典》の数年後に書かれたことを知ると、どうしてそのようなことが可能なのかと訝ってしまいます。それでも自己を明示する作曲家の身振りは存在し、ベートーヴェン、モーツァルト、そしてバッハの身振りはとても特徴的です。作曲家はそうした主要な身振りの内部で自己を革新するのです、ストラヴィンスキーは実に様々な方向に進もうとしましたが、彼のリズム的な身振りはつねに存在します。

アルシャンボー　彼だと認められるのは、まさにそうした身振りなのですね？

ブーレーズ　ひとりの作曲家はその身振りで認知されます。とても正確に書けるけれども、個性的な身振りを持たない作曲家はいます。身振りは創造されるのではありません。時として、それ自体として感じ取ることは難しいけれど、もしあなたが自分の内にそれを持っていなければ、見つけられないでしょうね。

アルシャンボー　あなたの最初の作品は何ですか？　そしていつあなたは「ああ、僕は何かを摑んだぞ！」と思ったのですか？

ブーレーズ　私は十七歳の時に作曲を試みましたが、わずかの知識しかなかったので、それらはまだ、当時私が耳にしていた音楽の模倣でしかありませんでした。私が本当に作曲を学んだのは、メシアンの許においてです。彼が行なっていた作品分析によって、音楽的語彙とは何であるかを私は理解し、そしてその時以来、もっと興味深い作品を作れるようになりました。たとえそれらがまだ個性的ではなくてもです。私の正真正銘の最初の作品は、ですから一九四四年から四五年にかけての学年度におけるメシアンとの出会いに遡ります。

私の《〔ピアノのための〕ノタシオン》は最初の価値ある作曲行為だと見なせるでしょう。それも、私はその作品をずっと後になって再発見したのですが。(6)私は、多分にメシアンやジョリヴェに、そ

(6)　一九四五年に作曲され、同年イヴェット・グリモーによりパリで初演された十二曲からなる《〔ピアノのための〕ノタシオン》を、ブーレーズは一九八〇年再び採り上げ、オーケストラの楽曲に作り替えていった。

して幾らかシェーンベルクにも影響された《(三つの)プサルモディー》、そして一曲の《オンド・マルトノのための四重奏曲》を書いていました。けれどもそれらはまだ暗中模索期のものでしかありませんでした。その後、一九四六年の《フルートとピアノのためのソナティネ》というもっと長い、もっと組織的で、もっと熟考された作品で、私はひとつの段階を乗り越えました。音楽院の教育に対する反発として、そうした作品を書くよう導かれたのだと思います。もっと遠くへ進むよう、もっと興味深いやり方で作曲するよう私は強いられたのです。

アルシャンボー　イヴォンヌ・ロリオはあなたの《ピアノのためのソナタ第二番》の譜読みをしていて泣き崩れたとか……　逸話は別として、あなたは自身の作品の往々にして甚だしい難しさを意識していますか?

ブーレーズ　私のスコアの幾つかは、とりわけ初期のスコアは、ある種の理想《ユートピア》が現実に勝っていて、とても難しいですね。今日では、難しいけれども、もっと現実的な作品を作曲するようになったと思います。私の青年時代の作品が非現実的だったわけではありません。私はピアノを勉強しましたし、まるで私の知らない楽器のために書いたというわけではないからです……　若い時には、可能なことを凌駕できるといつも考えるものですし、幾つかの変わりようのない現象を考慮に入れないものです。たとえ私が幾つかのパッセージを演奏できなくても、もっとプロフェッショナルな他の人物なら、演奏できるだろうと思ったものです。それは作曲家において普通の推論です。とりわけその当時、ひっくり返すべき障害がたくさんあって、その種の段階を受け入れる必要があったのだと思います。

アルシャンボー　それらの障害を乗り越えることは進展を意味するとあなたは思っていたのですか？

ブーレーズ　進展しないものは私の興味を惹きません。晩年のベートーヴェンのピアノ書法は物事をポリフォニック的に前進させましたし、またベートーヴェン以後ほどなく、リストはピアノを手先のテクニックの可能性という面で発展させました。あらゆる面で前進するということはけっしてなく、ベートーヴェンは後継者にブラームスを持ち、リストはラヴェルという後継者を持ちました。

アルシャンボー　あなたはしばしば伝統と縁を切ってきました。あなたの考えでは、そうした傾向はどこから来ているのですか？

ブーレーズ　完全に断絶する気になったことは決してなかったと思います。私の断絶は表面的なものでしかありませんでした。私にとって重要なのは外挿することで、外挿するためには、表面を壊す必要があります。とはいえ現実には、壊すという印象を与えるものは獲得される結果と深い関連性を保っているのです。危険が、とりわけアカデミズムの危険が存在する際、断絶は明白です。十二音音楽主義は卓越したモデルであり、それを傷つけるのは冒瀆であると主張するなら、愚かしい思考システムの中にいることになります。ひとりの独創的芸術家において、すべてが採り上げるのに適切なわけではないという単純な理由で、シェーンベルクにおいて、有効なものと、はるかに有効性に乏しいものがあるということを理解しないなら、いかなる批判的精神も持っていないことになり、それは絶望的ですね。
　新たなものを見つけるために破壊すべきで、破壊するということはニヒリストであることを意味しはしません。シャールは次のように述べていました。「もしおまえが破壊するなら、婚礼の道具を使うように[7]」と。

アルシャンボー　自分の創造活動に対して冷静であるとあなたは考えていますか？

ブーレーズ　私には分かりません……《…エクスプロザント－フィクス〔爆発－固定〕…》のような私の作品の幾つかは、より容易に受け入れられます。たとえ内容を正確に知覚しなくても、聴衆はすぐにその主要な軌道と、そこに存在し得る主要なコントラストを知覚します。また私の《ピアノのためのソナタ第二番》の終楽章のように、辿っていくのが一層困難な作品もあります。けれども、だからといって、私は難しいものを否定しはしないでしょう。

アルシャンボー　他のものよりも容易な作品があるのですか？

ブーレーズ　ひとりの作曲家がいつも同じ水準で書くことを期待すべきではありません。難解な作品もあり、もっと容易な作品もあります。息抜き的な作品や、凝った作品を書くことも可能です。そして容易なものは必然的に他の作品より一層伝達され易いですね。ベートーヴェンの《大フーガ》は《第九交響曲》の終楽章よりもつねに辿っていくのが難しいでしょうが、それだからといって、一方が他方より優れているということにはなりません。二つの作品は異なる知覚のレヴェルに位置づけられているのです。

アルシャンボー　音楽家ではない人々にとって、音楽語法を理解することにどのような重要性があるとあなたは考えますか？

ブーレーズ　音楽語法は習得されるものです。ロシア語の詩を、たとえ言語を知らなくても知覚できるのと同じやり方で、それを外観から知覚することはできます。私が《ピエロ・リュネール》を指揮し始めた時、私にはドイツ語がよく分かっていませんでした。今では、その作品をずっと上手に指揮していると思います。というのも、私はその言語〔ドイツ語〕を理解し、音楽と同時に言葉からその作品が分かるからです。そしてそれは完全に符合しています。

以前は、それがぴったり一緒になっていることはよく分かっていても、一語一語それを実際に体

（7）*Les Matinaux (1947–1949)*, Rougeur des Matinaux, No. XXVII. cf. René Char, Œuvres complètes, Paris, Gallimard, 1983, p. 335.『ルネ・シャール全詩集』吉本素子訳、青土社、一九九九年、二三一頁。『早起きの人たち（一九四七年—一九四九年）』、「早起きの人たちの赤さ」XXVII.

験していなかったのです。音楽語法についてもほぼ同じです。ひとつの作品の経路、その強みや弱みを感じ取れても、その語法を明確に認識できないこともあります。けれども、音楽が私たちに語りかけるべく持っているものは感じ取れます。もし、音楽が、それを知っている人々によってしか感じ取れないとしたら、非常に限られた聴衆しか得られなかったでしょう。

アルシャンボー　あなたの音楽は、公衆が近づきやすいものだと思いますか？

ブーレーズ　それはまた偏見の問題でもありますね……一定の知的怠惰というものがあって、しばしばステファヌ・マラルメのソネよりむしろ推理小説が好まれますが、それは問題のソネの不評を何ら証明してはいません。大して面白くもない読書で時間を「つぶす」のを選ぶこともあります。私は気晴らしの読書に何ら反対はしません。けれども、いつかそう言ったことがありますが、私には、《パルジファル》の前奏曲を聴きながら歯を磨くのは難しいと思われます。芸術に関しては、時に努力をする必要があり、あまりにも多くの人が十分な努力をしません。それは、怠惰からか、過去の諸形式にあまりにも執着しているからです。彼らは進歩するのをやめてしまったのですが、それは残念なことです。ですから、音楽だけが問題なのではなく、音楽を聴く人々の問題でもあるのです。

音楽を職業としていないけれど、一部の音楽家たちよりも鋭敏な知覚を持っている人々もいます。彼らの見解は語彙上の諸問題によって鈍らされることはなく、彼らは結果を評価します。そして彼らが感じ取る結果が彼らの関心を惹く場合、彼らはとても洞察力に富んでいるのかもしれません。

アルシャンボー　特に誰かのことを考えているのですか？

ブーレーズ　ええ、アンリ・ミショー(8)について考えています。彼は音楽に関心を抱いていて、彼の把握はつねに私を驚かせましたね。

アルシャンボー　詩人たちは音楽の理解に対して特別な傾向を持っているのでしょうか？

ブーレーズ　そうは思いません。一般的にそう断言することはできませんが。たとえば、アンドレ・ブルトンが音楽に対して特別な魅力を何ら感じていなかったことは知っています。

アルシャンボー　あなたが思うに、「良い批評」というものは存在するのでしょうか？

ブーレーズ　批評は芸術家たちによってしか為され得ない、とボードレールは言いました。或る意味で、その言葉はまったく洞察力に富んでいると思います、批評家は外面的でしかあり得ない。ひとりの芸術家の否定的な見解は、外部の誰かの肯定的な見解よりも興味深いですね。

（8）Henri Michaux（一八九九～一九八四年）、ベルギー出身、フランスの作家・詩人・画家。本書一九一頁以下も参照されたい。

シューマンが彼の『新音楽雑誌』(9)でショパンやベルリオーズについて書いていることは、本当に面白いけれど、それは彼が「内側から」意見を述べていたからです。彼は作曲家としての自分の見解を表明していたのです。人々はかなり一般的な省察しか行ないません。そして自分なりの批判的省察を持つべきなのは作曲家自身です。自分自身で、問題があることを、また自分が書いたものが聴衆や音楽家たちから乖離していることを理解すべきなのです。もっとも厄介なことは、一部の作曲家たちが自らの作品を改善するために演奏を活用しないことです。それで、水がカモの羽の上をかすめていくように、演奏は作曲家たちに何ももたらさず、彼らは自分が耳にするものに満足するのです。

私としては、自分の作品のひとつを耳にする際、それは自己批判の機会なのだということを弁えています。

アルシャンボー　作曲家にとって、危険に身をさらすとはどういうことですか？

ブーレーズ　それは、自分自身を、自分のしたことを疑ってみることです。根本的にデカルト哲学の立場ですね。既得のものは何もない。もっと遠くに進むためには、既に得たものをつねに疑ってみる必要があります。

アルシャンボー　それはあなたの立場ですか？

ブーレーズ　自分が一定数の成果を獲得したということを私は十分知っています。けれども、だからといって、今現在心静かでいられると考えることは私にはできないでしょう。一定の警戒を保つ必要があります。禁欲することが問題ではないのですが、自分がしてきたことを問いただし、自分に何ができるかを自問する必要はあります。

アルシャンボー　もっともしばしば演奏されるあなたの作品は何かご存じですか？

ブーレーズ　《…エクスプロザント－フィクス〔爆発－固定〕…》、《プリ・スロン・プリ》、そして《レポン》はしばしば演奏されますが、それは、それらが音楽家たちにより近づきやすく、極めてお金のかかるリハーサル計画に陥ることなくリハーサルのできる作品だからです。

アルシャンボー　ご自分のスコアを修正するということはありますか？

ブーレーズ　ええ、あります。十人程度の音楽家たちのために作品を書く場合、複雑で不確定な何かを書くことはできますが、そうしたことは百人からなるオーケストラの場合には不可能です。六〇年代に、《プリ・スロン・プリ》でそのようなことを実現するという幻想を抱きましたが、すぐにその作品は演奏するのが不可能になりました。五十人ほどの音楽家のうち、ミスをしでかす人物が

（9）正確には『音楽のための新ライプツィヒ誌（*Neue Leipziger Seitschrift für Musik*）』

つねに一人か二人はいました。彼らは私が望んでいることを多少ともよく理解してくれていたので、私は毎回説明をするのを余儀なくされ、大したことではないもののために、著しい時間とエネルギーを浪費してしまっていたのです。集団で演奏する作品の書法は、個人で演奏する作品の書法よりも不可避的に複雑度の少ないものとなりますね。

アルシャンボー　室内楽のための作品とオーケストラ音楽のための作品との間で、あなたはどのような区別をするのですか?

ブーレーズ　三つか四つの楽器のアンサンブルでは、実質的な輪郭が与えられます。そしてそれらの輪郭は相互に聞き分けられるので、曖昧さは何らありません。つまり、一丁のヴァイオリンと一本のクラリネットを耳にすれば、それらはヴァイオリンとクラリネットで、たとえホルンをひとつ加えても、それはつねにはっきり切り離される三つの音色です。時にそれらを近づけることはできても、混同することはできません。

大がかりなグループの場合、速さか短さによって、知覚をはぐらかすことができます。それにこの二つは同一のものなのです。急速な場合、動きが速すぎて、楽器の結合を詳細に知覚することはできません、短い場合、とても素っ気ない和音を耳にしても、それを分析することは不可能で、和音が変わっても同じです。ところで、そうしたことは大規模にでしか行なえません。ですから、私は幾つかのパースペクティヴを同時に混ぜ合わせ、同じ抽象的な対象が、私の積み重ねる様々な具体的な形式によって様々に描かれることになります。もはや正確には何を耳にしているのか分かりません。私はこの種の手法をパウル・クレーにおいて見つけたのですが、彼は様々なパースペクティヴを重ね合わせています。私は、とりわけ、或るひとつの部屋、重なり合った様々なパースペクティヴを基点に眺められた部屋を表している絵を思い浮かべます。室内楽においては、幻覚を当てにすることはできません。他方、オーケストラ音楽では、そうすることができます。まさに大量の可能性があるからです。

アルシャンボー　あなたにとって、多少とも重要な楽器はありますか？

ブーレーズ　私にとって、すべての楽器が重要です。私の世代の作曲家たちは、先立つ世代の人たちよりはるかに打楽器を活用しましたが、だからといって、私が幾つかの楽器を他のも楽器よりも好むというわけではありません。

アルシャンボー　打楽器についてどう考えていますか？

ブーレーズ　私はとりわけオーケストラを用いた作品で、打楽器をたくさん使いました。ひとつの作品で、九[10]（人）とまでは言わないにせよ、六（人）から七（人）の打楽器（奏者）をしばしば私

（10）《婚礼の顔》では九人の打楽器奏者が実に多種多様な打楽器を操る。

は用いています。それらは実際的な重要性を持っているのですが、同時に、私はつねに打楽器を警戒しています。私は打楽器だけのために作品を書いたことが未だかつてありません。というのも、ヴァーグナー同様、私はその絵画的描写性をとても警戒しているからです。それらはとても視覚的に目立ち、音楽的な脈絡から聞き手を逸らせる傾向を持っています。それらを大袈裟に使うと、絵画的《ピトレスク》なものに陥る危険があります。ですから、私は、《アンシーズに基づいて》におけるように、打楽器が完全に全体に統合されるように努めています。その作品では、打楽器は他の鍵盤楽器、つまり他と競合し得る楽器にうまく溶け込んでいます。[11] 私は打楽器をたんにデモンストレーションとしてだけでは用いていません。

アルシャンボー　ストラスブール・パーカッション・グループは？

ブーレーズ　グループが派手な演奏にのめり込むまでは興味を抱きました。私は、単純化ではなく、複雑化しつつ進んでいくものが好きで、あまりにも単純化された音響ヒエラルキーにはもはや関心を持ちません。ニューヨークで行なわれたエドガー・ヴァレーズの音楽会を思い出しますが、そこで私は《アイオニゼーション》と《アルカーナ》をプログラムに組み入れていました。《アイオニゼーション》は難なく過ぎました。その作品では、聴取の上で実際的な問題はないので、聴衆は熱中していました。けれども、それに反して、《アルカーナ》で聴衆は躓いてしまいました。その際、オーケストラのマネージャーは次のような、まったく適切な指摘をしました。「トロンボーンと共に、問題が始まるんだ!」と。語法がいささか難しすぎるようになるや否や、問題が始まります。そして打楽器の語法はとても単純ですから、聴衆は打楽器を愛好し、実際の魅惑はそれらの打楽器によって生じるわけです。

アルシャンボー 作品を書く際、時として演奏家を想定することはありますか?

ブーレーズ いいえ。それに、もし私が演劇人だとしても、私は特に或るひとりの俳優のためにはけっして書かないでしょうね。それはあまりにも限定的だと思うからです…… 何人かの人たちがどうできるかは分かりますし、彼らを当てにできることは分かっています。もし私が彼らの技量に合わせて創作するなら、彼らは自らを凌駕する必要がないわけですから、彼らにとって不利です。けれども、彼らが未だかつてそうした試しがないものに直面したら、彼らが思ってもいなかったほど遠くへ導かれるかもしれません。彼らのために書くのは、彼らを過小評価することになるでしょう。

アルシャンボー 声のために書くという願望を抱いたことはかつてないのですか?

ブーレーズ 私は声の様々な可能性を大変好んでいます。独唱のためには四つの声楽作品を書きました。ルネ・シャールの詩に基づいた《婚礼の顔》、《水の太陽》、および《ル・マルトー・サン・メ

(11) 三人の打楽器奏者、三人のピアノ奏者、三人のハープ奏者のための作品である。

ートル》、そしてマラルメのテクストに基づいた《プリ・スロン・プリ》です。また合唱のためには《カミングスは詩人である》という作品を書きました。随分前から声楽作品をもはや書いていませんが、合唱のついた作品を指揮するたびに、合唱あるいは声のための作品を書きたいという気持ちに改めて捉えられます。

歌い手たちにとって、特に彼らが芝居をやる場合、三つの問題が提起されると思います。まず第一の問題は、いわゆる音楽教育に関わるものです。時として、生来の才能が強力で、音楽教育が後回しになるのです。私が仕事で出会った最良の歌手たちは、楽器奏者としての教育を受けた人たちでした。そうした教育が、リズム、音程、抑揚（調音法）の点でとても役立っていたのです。一層安全に、難しい作品を乗り切ることを可能にするのはとてもしっかりした理論的基礎です。そうした教育を受けていない歌手は、より不安定な足取りで進んでいくでしょう。奇妙なことに——そして根本的に、それは真実ではないのですが——、誰もが歌えますが、誰もが或る楽器を演奏できるわけではありません。特殊な筋肉の訓練が必要なのです。他方、声は難なく人間から発せられます。

声の現象を前にすると、人々は、もし練習したなら、自分も歌えただろうと考えますが、楽器の場合、そうではありません。歌には、一定の距離を創り出す楽器以上に浸透現象があります。楽器奏者の場合、作曲家はプロを相手にします。作曲家はプロと仕事をする方を好む、と私は思いますね……

アルシャンボー　五線紙と鉛筆だけで、作曲するには十分なのでしょうか？　テクノロジーなしで済ませられるのでしょうか？

ブーレーズ　テクノロジーを用いる場合、つねに省察することが必要になります。テクノロジーはひとつの助けになるかもしれませんが、それは一定の範囲においてだけです。私たちに続く世代の人たちは、コンピューターのキーボード上で直接創作するでしょうが、個人的に、私はそうできません。タイプライターやワード・プロセッサーについても同じです。それは仕事を容易にしますが、私は使うことができませんね。私には、そして音楽についてはより一層、手の連動が必要なのです。というのも、私はあらゆる方向に書いていき、音符を様々な紙切れのあちこちに配置するからで、そうしたことはコンピューターでは不可能でしょう。実際、私は自分が実現したいものを一度書いてからのみ、テクノロジーを用います。《ヴァイオリンとエレクトロニクスのためのアンテームII》や《レポン》のような作品で、私はまずそれらを書く必要を感じました。自分が書いたものを、コンピューターに精通したアンドリュー・ゲルゾ(12)に渡したのは、第二段階になってからにすぎません。

アルシャンボー　けれども、コンピューターの使い方を知らなくて、どうやってコンピューターのために書けるのでしょうか？

（12）Andrew Gerzsoはメキシコ・シティ生まれ、長年ＩＲＣＡＭでブーレーズのアシスタントを務めた。

ブーレーズ　それは何でもよい何らかの楽器のために書くのとやや似ています。或る楽器を演奏することはできないけれど、その楽器の適性を知っているので、それのために書く術は心得ているということはあり得ます。オーボエのために書く場合、オーボエという楽器がどのように製造されるかや、その音響的・物理的な特性はどのようなものであるかを知っている必要はありませんが、その音色、そのさまざまな違う音域、演奏者の発音速度を知っている必要はあります……　それはコンピューターを使う場合と完全には比べられませんが、それほど異なってはいません。つまり試してみるわけですが、これが使えるか、あれは使えるかを検討してみて、その後最終版を書くことになります。コンピューターを用いることができるためには科学者である必要はなく、単に道具と考えて使い、使用する道具の性質を見抜いておくべきなのです。

アルシャンボー　そうした可能性をあなたに与えているのは、オーケストラ指揮者であるということなのでしょうか？

ブーレーズ　いや、むしろたくさんの音楽を聞き、たくさんのスコアを研究し、他の人々がどのようにしたかを理解しようと努めたことです。そうした基盤にもとづいて、時に外挿できるということもあります……

アルシャンボー　コンピューターは、今日それが獲得したのと同じくらい重要な位置を占め続けると思いますか？

ブーレーズ　ええ、でもどのくらいの比率においてかは、私には言えませんね……　シンセサイザーの急速な増加は続くと想像できますが、一定の横這い状態に達したり、シンセサイザーが芸術家たちを窒息させるようになれば、逆になる可能性もあります。芸術家のうちの一部の人たちは、創り始めるにはプログラミングの問題をすべて知らなければならないと考えているからですが、それは間違った態度です。それはそうと、コンピューターがどういう位置を占めるかは誰も予想できなかったでしょうね。一九七四年、私たちがＩＲＣＡＭのプロジェクトに着手した際、私たちには、コンピューターのためのスペースを整備しなければならないことは分かっていました。当時、そうしたコンピューターは、各々部屋全体を占領していて、また誰もがメイン・コンピューターに依存していました。今日、そうしたことは有史以前のことのように思われるでしょうね。私が目にした最初の音楽用コンピューターは、シカゴの南に位置するイリノイ大学にありました。それはとても大きな部屋を占領していて、何キロメートルにも及ぶ紙を吐き出していました。

私たちはほとんど信じがたいばかりの発展を知ったところで、またその発展は、莫大なデータベースに相互間のネットワークで繋がれた、次第に高性能になっているパーソナル・コンピューターと共に続いていくでしょう。自宅で仕事をすることもできるでしょう（すでにできています！）。なぜなら、回線は、インターネットの場合のように、ますます多くの情報をますます速いスピードで伝達することができるようになっているからです。

アルシャンボー　絶対音感をお持ちですか？
ブーレーズ　ええ、そしてそれはとても便利です。けれども、絶対音感を持っていることにはそれ自体として価値はありません。相対音感でもよいのです。絶対音感は、緑色のものを見て、「それは緑だ」と言う能力のようなものです。或る音がト音（ソ）あるいはホ音（ミ）だという知覚は鋭敏ですが、結局、おなじことに帰着します。絶対音感は生理学的資質ではあるけれど、音楽的資質ではありません。絶対音感を持っている人物が、音楽家のタイプを語るうえで、かならずしも良い音楽家とはかぎらないでしょう。それでもオーケストラ指揮者にとって、絶対音感を持っていることはひじょうに大きな助けになります。或る音が別の音の位置にあるかどうかが分かるからです。相対音感の場合、ひとつの間違いを確認するために、いつも音程を比較せざるを得ません、実際、相対音感は比較音感なのです。

アルシャンボー　絶対音感という資質は生得的なものですか、それとも獲得されるものなのですか？
ブーレーズ　もしソルフェージュを学ばず、或る音を自然の中で耳にしても、それは嬰ヘ音だとか二音だとかとは言わないでしょう。教育が明らかに必要です。他方で、絶対音感を持つ人にとって、二音はつねに二音、嬰ヘ音はつねに嬰ヘ音で、それは、状況がどうであっても変わりません。時に脈絡がとても複雑で、ひとつの反復進行《ゼクエンツ》を聞き取るのにとてもわずかの時間しかない場合や、六つか七つの音から成る和音を聞き取る場合、躊躇することもあります。そして、まさにそうした時には、回顧的な記憶が自らの役割を果たすことになります。リハーサルの際、調整するために時間を取って、アルペッジョでとてもゆっくり演奏してみます。そのようにすれば、聴覚は全体を分析しますから。

アルシャンボー　絶対音感は一種の見張りとして機能するということなのですか？

ブーレーズ　即座に全体を受けとめることはできません。ハイドンの百四にも及ぶ交響曲のひとつのスコアを容易に再構成できるのは、絶対音感を持っているからではありません。けれども、ショパン、リスト、シューマンのピアノ曲については、たとえ楽譜を知らなくても、〔絶対音感があれば〕はるかに容易にそれが思い浮かべられるでしょう。もし、ハ音に基づいた属和音を耳にすれば、私はそれをハ音を主音とした属和音として聞き取り、それに続くものを大体予測できます。私は語彙一般を知っているので、その予測が容易になるのです。

アルシャンボー　あなたの作品には、献呈者がいるのですか？

ブーレーズ　まったくと言ってよいほど、いませんね……　それは時代遅れの慣わしだと思います。特別な場合、作品を献呈したことはあります。たとえば、パウル・ザッハー(13)に、七十歳の誕生日を

(13) Paul Sacher（一九〇六～一九九九年）、スイスの指揮者・メセナ。本書八三頁以下参照。

記念して《メッサジェスキス》と題した小品を、そして八十歳の誕生日を記念して《アンシーズ》と題したピアノ曲を献呈しました。後者を私はのちに大幅に敷衍しましたが[14]。私の方としては、献呈に無感動だとは言えません……若い人たちは私に作品を献呈してくれましたし、とてもありがたくは思いましたが、それはまた、私がそれらの作品を指揮し、そうした場合に作曲家との繋がりが作り出されたからでもあります。

アルシャンボー　自分と系統的な繋がりがあるとあなたが考える若い作曲家はいますか？

ブーレーズ　系統はしばしば繰り返しであり、繰り返しは私の興味を惹きません。その代わり、もし音楽家たちが私の作品の幾つかに興味を惹かれることがあって、そこから何かを引き出すことができたなら、もちろん、悪くはないですね……

アルシャンボー　あなたは自分より若い作曲家たちに関心を抱いていますか？

ブーレーズ　私は新しい才能を発見するのが好きです。見込んでいた生徒も含め、時に失望もありますが、また逆に、真の才能の持ち主であることを自ら証明する人たちに驚かされることもあります。多分、それこそが、あなたの「系統」と名づけているものなのでしょうか？

アルシャンボー　ヴァレーズの「私は見事に剽窃されている」という言葉についてどう思いますか？

ブーレーズ　剽窃されるというのは、何か新しいものをもたらした重要な作曲家すべての特質です。新しいものは、分配されるために作られるのです。作曲している時、誰によって剽窃されるか、あるいはどのようにしてそうなるかを決めるわけではありません。ただ単に、私たちが存在するから剽窃されるだけ……

アルシャンボー　あなたが名前を挙げられたので、パウル・ザッハーとはいかなる人物だったか語ってくださいませんか？

ブーレーズ　パウル・ザッハーは並外れた人物でした。音楽に情熱を傾け、またとても富裕だった彼は、実にさまざまな美意識を持った作曲家たちに、大抵の場合室内オーケストラのための百曲にも及ぶ作品を委嘱しました。それらの中にはとりわけ、バルトークの《弦楽器、打楽器とチェレスタのための音楽》《二台のピアノと打楽器のためのソナタ》《ディベルティメント》、ストラヴィンスキーが一九四七年に書いた《弦楽のための協奏曲》、そしてオネゲルの《弦楽のための交響曲》と《火刑台上のジャンヌ・ダルク》が含まれます。バーゼル室内オーケストラ（BKO）を創設したのも彼で、それは名高く、傑出した弦楽アンサンブルになり、ザッハーはおよそ二百回に及ぶ近・現代音楽の演奏会を指揮しました。その後、一九四一年、彼は同様にチューリッヒ・コレギウム・ム

（14）《アンシーズに基づいて〔シュル・アンシーズ〕》。本書七五頁、注（11）参照。

ジクム（CMZ）を創設しました。彼は作品を委嘱するばかりではなく、それらを自分の団体で演奏もしたのですから、メセナ・演奏者として偉大な活動をしたわけです。

彼はまた、彼の購入した《春の祭典》の自筆譜をはじめ、多数の作品の自筆譜の膨大なコレクションを持っていました。ストラヴィンスキーが世を去った際、音楽家の他の自筆譜はほとんどすべてアメリカ合衆国にあって、ストラヴィンスキーの子供たち、ロバート・クラフト[15]、そしてストラヴィンスキーの二番目の夫人との間で、厄介な相続問題がありました。自筆譜は結局売りに出され、アメリカのいかなる機関、財団、図書館や博物館も買い主になりませんでした。その理由は――私の記憶が確かなら――、相続問題のために自筆譜全部の代金を一回で支払う必要があったからです。幾つかのアメリカの機関は支払い上の便宜〔支払い延期、分割払いなど〕を求めましたが、それは不可能でした。そのようなわけで、ザッハーが全部を購入したのです……　購入後、現代音楽の自筆譜でアーカイヴ・コレクションを作ることは意義深いと考え、彼は自分の財団を創設しました。それで彼はヴェーベルンとバルトークの発見できたすべての自筆譜の買い主となりました。次いで、彼は私の世代の作曲家たちに向かいました。一九八〇年代の半ば、彼は私に自分の計画を話し、私は――ベリオ、バートウィッスルや他の作曲家たちと同様――私たちの自筆譜が徐々に彼のコレクションを豊かにすることになるよう、彼との一種の契約書に署名しました。現在、そのコレクションは、バーゼルにあるひとつの建物全体を占めています。ザッハー財団の意義は、世界中の大図書館に見出されるものとは反対に、それがとても生き生きとしていることにあります。財団の資金の一部は、或る作曲家や或る作品についての論考、個別研究、さらには学位論文を書こうとしている人たちに、奨学金を付与するために使われています。つまり彼らの計画に財団が関心を持てば、バーゼルに滞在するための奨学金が彼らに与えられるのです。

アルシャンボー　というわけで、ザッハー財団はあなたの自筆譜の大部分を所有しているわけなのですね？

ブーレーズ　スコアやスケッチなどといった純粋に音楽的な資料同様、私の書簡物もすべてあります。自分の過去を詮索する人間では実際ないので、私は後日書簡を参照することはないのですが、ストラヴィンスキー、ルネ・シャールなどからの手紙があることを知っています……

アルシャンボー　なぜすべてを贈与することにしたのですか？

ブーレーズ　自分のところにあるより、財団にある方が良いと思います。自宅では忘れられてしまう危険があったでしょうからね。

(15) Robert Craft（一九二三〜二〇一五年）、米合衆国の指揮者・音楽著述家。一九四八年以降、ストラヴィンスキーが没するまでアシスタントとして公私両面で作曲家を支えた。

アルシャンボー　あなたをそのように行動するよう突き動かしたのは、教育上の理由なのですか？

ブーレーズ　或る見方からすれば、そうですね……　だって、ひとたび書いてしまったら、自分の手書き原稿をどうするのでしょう？　もし公的な機関にそれを遺贈すれば、何らかのコレクションに入って、うまくすれば、いつか何かの役に立ちます。

自分の財団を研究者たちに開放するという意向をパウル・ザッハーが私に説明した時、とても良い考えだと私は思いました。そしてとても専門化された財団ですから、資料の豊かさにもかかわらず、一般的コレクションの中に埋もれてしまうことはありません。

アルシャンボー　パウル・ザッハーがあなたに作品を委嘱したことはあるのですか？

ブーレーズ　奇妙にもなくて、それは私と彼との関係の特徴のひとつですね。一九六一年、音楽アカデミーで講義するため、バーゼルに私を招聘させたのは彼ですが、委嘱については様々な状況が整ったためしがなかったのです。

アルシャンボー　他の音楽家たちに比べ、あなたがそれほど数多くの作曲をしてこなかったことをどう説明しますか？

ブーレーズ　私はセザンヌと同様で、ゆっくり仕事を進めます。ひとつの作品の最初の図式を複雑化させていく多くの細部を順々に加えます。詰め込みすぎはしませんが、作品が有機的に息づく手助けをします。有機的な生命は単純ではなく、ひじょうに複雑ですらあります。

アルシャンボー　作品の幾つかに再び手をつけることはありますか？

ブーレーズ　まだ完成していないと思って、しばしば立ち帰る作品はあります。単にそれらを充実させようとするのではなく、《婚礼の顔》でそうできたように、本当に満足できる版を作ろうと努めます。毎日その仕事をするわけではないし、毎日そのことを考えはしません。けれども、頭の中には計画があって、或る時、それをうまく成し遂げるべきだなと感じるのです。幾つかの部分を補足したり、やり直したりすることが問題になります。

アルシャンボー　未完成の作品を聴衆に公開することに危険はないのでしょうか？

ブーレーズ　文学では、アフォリズムが十分認められていますよ！　私たちはパスカルの『パンセ』を断片的資料のかたちで読みます。全体の総合的プランが私たちにはないからです。作者の頭の中にはひょっとして連続した作品があったのでしょうか？　それはあり得ますが、私たちはそれについて何も知りません。そのアフォリズム的形式は私たちの思考にとってとりわけ刺激的だと私には思われます。パスカルは連続した作品を見事に書けたのです。『プロヴァンシアル』はそのことを証明しています。ボードレールは、重要な散文的テクストや、もっと叙述的で近づきやすい批評的著作の他に、もっと近づき難い短い詩を書きました。マラルメの批評的著作は彼の詩よりもはるかに近づきやすいけれど、それは前者の方が凝縮や省略や難解さの度合いが少ないからです。あらゆる作家たちにおいて、より内省的なテクストもあれば、より散漫なテクストもあります。音楽家においても、まさに同じことです。

アルシャンボー　あなたの音楽を基点に、あなたの個人的な人生の何がしかを再構成することは可能でしょうか？

ブーレーズ　自分自身を知るということは本当に難しい……　日記をつけている人々でさえ──私はつけていませんが──、或る日それらを読み返しても、自分が書いたことを一枚の古い写真とは見なせません。付き合いのなくなった人々の写真を眺める場合、道の上で見つかった古い蛇の抜け殻のようなとても印象的な超脱効果が生じます。

アルシャンボー　あなたについての著書の中で、ドミニク・ジャムー[16]は、二台のピアノのための《ストリュクチュール》について、それは、或る見方からすれば、あなたの音楽的発展の私的な日記を表していると述べています。

ブーレーズ　当時、ピアノのための作品を書くことは、楽器の諸問題を自分に提起せずに済むことを可能にしていました……　私はピアノという楽器を知っていたので、楽器について自問する必要がなかったのです。二巻からなる《ストリュクチュール》はピアノ音楽に関する私の十年にわたる発展を示していて、もしそうしたければ、「私的な日記」について語ることはできます。それはそうとして、私が長い期間にわたってひとつの作品を書き進め、私がひとつの作品にその進展を見るというかぎりにおいて、私の作品はすべて私の私的な日記の一部をなしていることになりますね。

アルシャンボー 将来そうするのは、ことによったら音楽学者たちの仕事かもしれませんね。

ブーレーズ 私は音楽学者たちに多くの仕事を残してきたと思います。彼らの何人かは恐らく私の音楽を研究するでしょうし、私が経てきた諸段階を示すでしょう。そうしたことは私の音楽を研究する人々にとっては興味深いかもしれませんが、他の人々にとってはそうではないかもしれませんね。

アルシャンボー あなたの世代の音楽の普及に関して、アントワーヌ・ゴレア[17]の活動はどのような重要性を持ったのですか?

ブーレーズ そう言ってよければ、「口達者」な人物でした。つまり新しい音楽に多くの人々が反対していた時に、彼はそのために戦いました。ゴレアは反ガヴォティ[18]でした。後になって私たちは衝

(16) 本書五頁、注(2)参照。
(17) Antoine Goléa(一九〇六~一九八〇年)フランスの音楽批評家・音楽学者。
(18) Bernard Gavoty(一九〇八~一九八一年)。オルガン奏者で『フィガロ』紙の音楽批評家。むしろクラランドンとい

突し、私は彼と縁を切りましたが、彼は私たちの音楽の熱烈な擁護者でした。そのことでは彼に感謝できますね。クロード・ロスタン[19]やアンリ・ド・ラ・グランジュ[20]も同様に、大いに戦ってくれました。

アルシャンボー　あなたについて研究してきた音楽学者たちについてどう考えますか？

ブーレーズ　それは他の人々への一伝達手段であって、自分から自分への伝達手段ではありません。まさに自分から自分へなら、十分熟慮するからです。つねに外部の批評や見解を考慮することはあり得ますが、それでも自分自身の中で、閉じられた回路内にとどまっていますね。私の考えでは、音楽学的研究はそれほど創造の助けにはならず、それを妨げさえしています。もっともそれは過去の作品に関しては興味深いかもしれません。すべてについて専門家であることはできませんから、音楽学的な仕事は、過去の作品を研究したいと思うなら、貴重な見方であるかもしれません。十四世紀と十五世紀の手書き楽譜を参照したことがありましたが、その音楽は極度に複雑で創意に富んでいて、音楽学者の存在なしには私には取り組めなかったでしょう。音楽学には良い面と悪い面があります。音楽学者は、往々にして作品のテンポを問うことなく、テクストを再構成しがちですが、音楽において第一義的な何かがあるとしたら、まさにそれは或る作品を演奏する速度です。なるほど、その点に関する資料はないのですが、少なくとも問題を自分に課す必要があります。

もっと後の、つまり十六世紀以降の研究について言えば、私にとってははるかに興味に乏しいですね。バッハやモーツァルトの手書き譜で、嬰ト音が少し前あるいは少し後にあるとか、アッポジャトゥーラがあるとかないとかが発見されても、私はどう対処すべきなのでしょう？　そうしたことは世界の表面を変えはしません。ひとつのアッポジャトゥーラ〔前打音〕、それはクレオパトラの鼻ではありません！　完璧で正確に作成されたテクストを手にするのが興味深いことは明らかですが、それは文学でも同様です。つまりバルザックの手書き原稿に文法的な誤りがひとつあっても、それはバルザックという天才の威力を何ら変えません。音楽学者はあまりにもしばしば、彼らにとって根本的だと思われる細部に没頭しますが、まさにそれらは些末な点にすぎないのです。音楽様式の発展を理解しようと努めたり、なぜ或るひとつの様式論が他の方針より或る方針を取ったのかを知る方がはるかに面白いですね。

結局、私の興味を惹きつけるのは、創造に関係することです。ヴァーグナーの《指環》に関する書物で、音楽家が書いたスケッチを扱ったものを読んだことを思い出します。幾つかのスケッチはけっして変化しなかったのに、他のスケッチは、逆に、その細部にいたるまで変更され、まったく異なる意味作用をひとつの主題系に与えるようになったのを確認するのは、私にとって興味津々で

う ペンネームの方で知られていた。
(19) Claude Rostand（一九一二〜一九七〇年）、フランスの音楽批評家・音楽学者。
(20) Henry-Louis de La Grange（一九一二〜二〇一七年）フランスの音楽学者、特にマーラーの伝記作者。

した。

アルシャンボー　そうしたことは、あなたの指揮者としての仕事に有益ですか？

ブーレーズ　たんにそれだけではありません……　ヴァーグナーのような音楽家の当初のアイデアに関連した発展を辿ることや、ストラヴィンスキーが、当初はまったく陳腐なものだった要素を極めて独自な、またより創造性の高いものにするに至ったやり方——それは《春の祭典》の公刊されたスケッチの場合でした——を確認するのは、作曲家にとって同様に価値あることです。音楽学の面白味はそこにあるのですが、不幸なことに、それは大概の場合、音楽学が私たちに提供してくれるものではありません。

オーケストラの指揮

アルシャンボー　何があなたをオーケストラ指揮者になるよう駆り立てたのですか？

ブーレーズ　必要でした……　「ドメーヌ・ミュジカル」では、財政がとても限られていて、確固とした指揮者に常時来てもらうことはできず、持っていた僅かばかりの経験で、私はその場しのぎでオーケストラの指揮を務めました。

アルシャンボー　何ら経験はなかったのですか？

ブーレーズ　音楽院では、作曲のクラスや分析のクラスと演奏のクラスとの間に結びつきはありませんでした。オーケストラのクラスは高等学校のデッサンのクラスに似ていて、それほど配慮されてはいなかったのです。オーケストラのクラスと連携したオーケストレーションや分析のクラスがあったら面白かったでしょうが。そうではなかったので、私たちは理論的なアプローチをする他なく、或るひとつの作品を聞くためには、演奏会でそれを聴かなければなりませんでした。ですから私は機会があるたびに、リハーサルに出かけたのですが、実践には至れませんでした。バローのところにいた時には、夜演奏会には行けなかったので、しばしば午後にオーケストラのリハーサルを見物しに行きました。それらは私に多くのことを教えてくれました。

アルシャンボー　バローがあなたと音楽家たちとの最初の出会いを作ってくれたのですか？

ブーレーズ　ええ、そうです。そしてバローの許での経験から、当時は気づかなかったのですが、小編成のオーケストラ指揮者の仕事を学べました。私はそこで、音楽家たちとの関わり方や振る舞い方や、あらゆるグループで生じ得る心理的な問題の対処法を学びました。バローの許で、芝居の演出家がどのように俳優たちと仕事をするかを観察できました。後になって、高名な独奏者を相手にした際、自分がまさに高名な俳優を相手にした演出家の立場にあることに気づきました。つまり、多分私がそうと気づかずに手に入れていた心理的関係の処し方があったのです。奇妙なことですが、そのようなわけで、私に指揮を教えてくれたり、あるいは演奏家たちと折り合いをつける術を教えてくれたのは、つねに音楽上の経験とは限らないのです。

アルシャンボー　「ドメーヌ・ミュジカル」におけるあなたの初期のリハーサルはどのように行なわ

れたのですか？

ブーレーズ　私が相手にしていた音楽家たちは、私のことをよく知っていて、現代音楽のためにすべてを捧げている友人たちで、彼らとの関係は素晴らしいものでした。そうしたことは指揮者と音楽家たちとの間にいつもあるとは限りません。私たちは同じ精神状態を共有している仲間たちでした。つまり私たちは皆で色々な音楽とそれらの演奏法を発見していったのです。私たちはまさに同じ地点にいて、彼らが私を判断できる以上には私は彼らを判断できませんでしたね。そのように始め、少しずつ私は自信をつけていきました。

アルシャンボー　あなたが模範にした指揮者はいましたか？

ブーレーズ　ええ、パリにいた時出会ったデゾルミエール(1)です。私はストラヴィンスキーの《結婚》で彼が行なったリハーサルすべてに立ち会いましたし、彼がモンテヴェルディ演奏会(2)のために行なったリハーサルまでも見物しました。一九五八年、ドイツに行くと、私はロスバウト(3)のリハーサルに足を運びましたが、私はすでに三十三歳でした……　オーケストラの指揮に関して、私はアング

（1）本書二九頁、注（15）参照。
（2）ヴェルサイユでの古楽演奏会のことと思われる。
（3）本書二九頁、注（13）参照。

ロ＝サクソン系の人たちが言うところの「遅刻者（latecomer）」なのです。

アルシャンボー　あなたの指揮のあのとても特徴的な身振りにどのようにして辿り着いたのですか？

ブーレーズ　私はオーケストラの指揮を徐々に試していきました。私はまったくの独学者です。私は自分で指揮を学び、磨きをかけていったと思います。もちろん昔私が指揮したやり方は今日よりもはるかに強張っていて、はるかに素気ないものだったはずですが、しまいには、実際上何の言葉も使わず、身振りだけで意志を伝達できるようになりますね。私はまず指揮棒を持たずに身振りを習得しましたが、身振りだけで自分の行動範囲を拡大しても、指揮棒の助けを借りる必要を感じませんでした。私の身振りが自分の耳にしたく思っている音響に呼応するよう望んでいたので、私は身振りの有効性だけを目指し、それを手に入れる方法を探して、自分自身でそれらの身振りを作り出しました。私が行なった指揮法の授業も、私が伝えたく思っていることを熟考し、何が上手くいき、何が上手くいかないかを観察する助けになりました。

アルシャンボー　あなたの所作はオーケストラの指揮に関して一つの手本になると思いますか？

ブーレーズ　いいえ。まさに各人には各人固有の身振りがあるからです。私が指揮するのを眺める人たちに、一つの刺激を与えることしか私にはできない……　指揮の領域で私はいかなる自惚れも持っていませんし、私が行なった授業では、オーケストラ指揮の実習生たちが私と同じ障害にぶつからないように努めました。

アルシャンボー　マスタークラスでもそうですか？

ブーレーズ　まったくその通りです。マスタークラスを担当したことはそれほどありませんが。一九六五年と一九六九年にバーゼルで、またクリーヴランド管弦楽団、次いでアンサンブル・アンテルコンタンポランの協力を得て何回かやっただけです。(4) マスタークラスではいつも、各人が自分自身の身振りを見つけるべきだと繰り返し言ってきました。身振りは声のようなものです。声を鍛えても、各々の歌手ごとに異なる声音があります、それは身振りについても同じことです。

私をとても驚かせた二つの例があります。ゲオルク・ショルティ(5)は極めて角ばった身振りをしていましたが、カラヤン(6)の方は、逆に、とてもまろやかな動作で指揮をしていました。各々に自分が耳にしたいものを伝える自分の動作の考案法があったのです。自分にもっとも適うものを自分で発見すべきです。

(4) ブーレーズは自身が創設したルツェルン・フェスティヴァル・アカデミーでも、二〇〇四年から一二年まで指揮のマスタークラスを持ったが、対談のこの部分はそれ以前に行なわれたのだろう。
(5) Georg Solti（一九一二〜一九九七年）、ハンガリー生まれ、英国の指揮者。
(6) Herbert von Karajan（一九〇八〜一九八九年）、オーストリアの指揮者。

アルシャンボー　デビュー当時にあなたが指揮したオーケストラは？

ブーレーズ　一九五九年の初め、ハインリッヒ・シュトローベル[7]の誘いで、私は近代および現代の作品を指揮するようドイツに招かれました。それでドイツで仕事をしたのですが、主にバーデン゠バーデンの南西ドイツ放送交響楽団を、またケルンの西ドイツ放送交響楽団を指揮しました。数か月後、病に倒れたハンス・ロスバウトに代わって、ドナウエッシンゲン音楽祭とエクス゠アン゠プロヴァンス音楽祭でも指揮しました。然るべきレヴェルに達するよう努め、事はうまく運びました。その時からですね、自分には指揮をする一定の素質があると悟ったのは。けれども、何ら経験を積んでいなかったので、学ぶべきことはたくさんありました。

　その後、一種の口コミで、私はアムステルダムのコンセルトヘボウ管弦楽団を指揮しました。次いで、一九六四年、ＢＢＣ交響楽団の総監督だったウィリアム・グロック[8]が、彼のオーケストラを指揮するよう私を招いてくれました。彼はすでに一度「ドメーヌ・ミュジカル」をＢＢＣに招いたことがありました。同時代の世界で起こっているすべてのことにとても注意していた人物で、彼は私のことをオーケストラ指揮者としてではなく、作曲家として知っていました、何回か招聘が繰り返された後、一九六九年にオーケストラの音楽監督のポストが私に与えられました。フィルハーモニア管弦楽団やロンドン交響楽団（ＬＳＯ）のようなロンドンの他のオーケストラも指揮しました。ロンドン交響楽団では、アーネスト・フレイシュマン[9]がまだマネージャーを務めていて、彼はその後ロサンゼルス管弦楽団（ＬＡＰＯ）の総監督に任命されました。私はロンドンでの仕事に惹きつけられました。私に提供された労働条件は本当に魅力的でしたし、私は次第にレパートリーを広げていきました。そのうえ、私に不足していたメチエを鍛え、学ぶ機会を与えられたのです。

アルシャンボー　あなたのレパートリーはどのようにして作り上げられたのですか？

ブーレーズ　私のレパートリーは主として二十世紀のものです。つまりストラヴィンスキー、バルトーク、シェーンベルク、ベルク、ヴェーベルン、ヴァレーズ、ドビュッシーそしてラヴェル……私が指揮を頼まれたのはそれらの作曲家の作品です。ただし、次第に私がより多くの責任ある地位を手中にするようになっていくと、私は自分のレパートリーをオペラに広げました。まず一九六三年、パリ・オペラ座でベルクの《ヴォツェック》を指揮しました。「ドメーヌ・ミュジカル」の演奏会を除いて、私はめったにパリでは指揮していなかったので、例外的なことでした。そして《ヴォツェック》が私をバイロイトとヴィーラント・ヴァーグナー[10]へと導いたのです……ヴィーラントと一緒に、私たちは一九六六年にフランクフルト歌劇場で《ヴォツェック》を上演し、同じ年に、

（7）本書四九頁、注（47）参照。
（8）William Glock（一九〇八～二〇〇〇年）、イギリスの音楽評論家・行政官。
（9）Ernest Fleischmann（一九二四～二〇一〇年）、ドイツ生まれ、ユダヤ系アメリカ人の音楽団体総監督。
（10）Wieland Wagner（一九一七～一九六六年）、ドイツのオペラ監督・演出家、リヒャルト・ヴァーグナーの孫。

私はバイロイトで《パルジファル》を指揮しました。次いで、私はイギリスやニューヨークでマーラーの作品を指揮し始めました……ですからそうしたことは徐々に生じていったのです。音楽監督となると、相当広いレパートリーが必要です。

無論、たとえばチャイコフスキーの作品のように、私が指揮しなかった作品はあります。そうした音楽を興味に乏しいと判断したわけではないのですが、特別な愛着は持っていませんでした。その代わり、私は多数のモーツァルトやベートーヴェンの協奏曲を指揮しましたし、一時期、バロックのレパートリーをコロンビア大学教授だった音楽学者クリスチャン・ヴォルフ(11)の助けを借りて演奏しました。彼は私の専門ではない領域で水先案内をしてくれたのです。

アルシャンボー　《ヴォツェック》と《パルジファル》は別として、あなたの指揮したオペラは?

ブーレーズ　ベルクの《ルル》、シェーンベルクの《モーゼとアロン》、〔ドビュッシーの〕《ペレアス》、ヴァーグナーの《トリスタン》と《四部作》です(12)。

アルシャンボー　《ボリス・ゴドゥノフ》をいつの日にか指揮しようと考えたことはありますか?

ブーレーズ　作曲に集中しなければならないし、その種の冒険に乗り出す時間もエネルギーも私にはもはやありません。一九六六年、私はヴィーラント・ヴァーグナーに会い、私の人生の中で、オペラについてはひとつの岐路がありました。当時私はオーケストラと常任契約を結んでおらず、かなり暇で、もっとオペラに没頭したいと思っていました。その年、私はフランクフルトでヴィーラント・ヴァーグナーの演出による《ヴォツェック》を上演しましたし、またバイロイトで、やはりヴィーラント・ヴァーグナーの演出で《パルジファル》を上演するはずでした。けれどもヴィーラントが病に倒れ、《パルジファル》は彼が不在のまま上演されました。私たちは素晴らしく気が合っていたし、数多くの共同の計画があり、《指環》もそのひとつでした。彼が世を去ると、私は交響楽団の方へ向きを変えました。ですから、私の劇場経験は、十年後の一九七六年、パトリス・シェロー(13)に出会って、ようやく〔新たに〕具体化したのです。

アルシャンボー　一部の難解なプログラムが非難されたこともありますね。それについてどう考えますか？

ブーレーズ　シェーンベルクの《変奏曲》作品三十一のような幾つかの作品は普通に聴けるはずですが、なお躊躇いはありますね。そしてそれはたんに聴衆においてばかりではなく、演奏会の主催者

(11) Christian Wolff（一九四〇年〜　）、ドイツ生まれ、アメリカの音楽学者。プリンストン、コロンビアなどの大学を経て、一九七六〜二〇一四年はハーヴァード大学教授。特にJ・S・バッハの研究家として著名。
(12) 他にバルトークの《青髭公の城》、ヤナーチェクの《死者の家から》も指揮。
(13) Patrice Chéreau（一九四四〜二〇一三年）、フランスのオペラ・劇場監督、映画製作者・演出家・プロデューサー・俳優。

においてもです。私は今なおそうした作品を強制的に組み込んでいます。それが唯一の行動法だからです。それに、シカゴやクリーヴランドへ行くと、主催者たちは私が新しい作品を紹介することを期待してくれます。

アルシャンボー　なぜザッパ(14)の作品を指揮したのですか？

ブーレーズ　聴衆の興味を満足させるためにそれを指揮したのではなく……　ザッパが私の興味をそそったからです。多くのアーティストがかなり型にはまった活動をしているロック界にあって、彼は本当に別格の人物でした。自分の元々の表現領域はあまりにも狭いと判断し、彼は自分の抱いていた探求心から、それとは違うものへと導かれたのです。彼がそのことを私に話した時、興味を惹かれました。自分自身の世界から脱出しようと努める人々に私はいつも好感を持ってきたからです。或る人物が突然自分の現状の限界を悟り、より遠くへ進もうと試みるのはとても興味深いことです。

アルシャンボー　どのようにして事は具体化したのですか？

ブーレーズ　アンサンブル・アンテルコンタンポランが誕生した頃、ザッパは自分の作品のひとつを指揮してもらえないかと私にたずねました。それで私は、彼がアンサンブルのために何か書くということを条件にして引き受けました。〔当時の〕私は、大オーケストラのための作品を極めて稀にしか指揮していなかったので、彼の近作のひとつを私が指揮するためには、彼はとても長い間待つことを余儀なくされたでしょうが、他方、アンサンブルのために特別に書かれた作品ならほとんど即座に指揮できたからです。

アルシャンボー　それは充実した経験でしたか？

ブーレーズ　ええ。異なる表現様式に自分を合わせるのは興味深いことでしたね。最初の幾つかの技術的な問題は〔指揮のプロとしての〕熟練のおかげですぐに乗り越えられました。

アルシャンボー　オーケストラの指揮は、作曲家としてのあなたに何をもたらしたでしょうか？

ブーレーズ　それは私を現実主義者にしましたね。つまり確率を判断することを学ばせてくれたのです。オーケストラ指揮者になる前、自分の書くものは実現可能であるはずだと私は思っていました。けれども私が作曲したものを演奏してみると、百回のうち三十回しか、それもたくさんのリハーサルの後でも、実現できないということを悟りました。そうなると、効果的な生産性を想定する効果的な作曲行為を見出すことが必要となります。「生産性」という言葉がそれほど適切でないにせよ、

(14) Frank Zappa（一九四〇～一九九三年）、米国の作曲家・編曲家、前衛ロック・ミュージシャン、シンガー・ソングライター、ギタリスト。ここで言及されている作品は“Boulez conducts Zappa: The Perfect Stranger”, RCD10542. ブーレーズが指揮した部分の録音は一九八四年一月。

それでもまさにそれが問題になるのです。もしそのように言えるとしたら、「現場で」指揮することが作曲家として効果的になることを私に教えてくれたのです。

アルシャンボー　あなた自身が作曲家であるということは、あなたが他の作曲家の作品を指揮する際、助けとなりますか？

ブーレーズ　たしかになりますね……　オーケストラ指揮者であると同時に作曲家である場合、オーケストラ・スコアの一頁を然るべく位置づけるのに必要な時間が分かっているので、作品のテクスチュアすべてに一層注意を払います。

作曲は、楽器法、諸々のバランス、聞き取る上で重要なこと、それほど重要でないこと、つまり聴くべき全ての次元の実践を可能にします。形式的観点から、作曲家としての経験は、ひとつの作品がどのようにして展開されるかの理解を可能にします。作曲家であることは、したがって、演奏解釈芸術における主要な点である形式および細部の両方の方向で作曲家をより用心深くします。

一部の指揮者はそうする才能を直観的に持っていて、他の指揮者はそうではありませんね。自転車競技選手には二つの流儀があります。行程に目安をつけるために地図(15)を眺めるか、行程を何回か回ってみて、脚に覚え込ませるか、です。オーケストラの指揮でも、幾分同じことが言えます。つまり、スコアの下調べをするか、一定の回数すでに行程を経たことがあればおよその見当で指揮するか、です。前者の場合、下調べはものごとを容易にするかもしれませんが、ひとたび舞台に上がれば、地図〔＝スコア〕の勉強が風景それ自体に取って代わることはけっしてありません。

アルシャンボー　作曲家は自作を指揮するのに一番適切な位置にあるのでしょうか？

ブーレーズ　最初に〈どのようにして〉自作を思い描いているかを示すには、恐らく最も適切でしょうね……　けれども二つの職業をうまく結びつけるには大いに巧みでなければなりません。なぜなら、作曲家の仕事とオーケストラ指揮者の仕事は非常に異なっているからです。作曲家が自作の演奏に介入することによって、何かがもたらされると私は考えません。

アルシャンボー　でも、リヒャルト・シュトラウスのように、何人もの指揮者は自作を指揮しましたが……

ブーレーズ　ストラヴィンスキーは自作をぜひとも録音しようとしました。それが「規範」になるようにです。けれども彼はとても優れたオーケストラ指揮者ではなかったので、結果は異論の余地のないものではありませんでした。バルトークも、自作の指揮をピアノで指導しました。彼には自分の音楽を演奏するためにどうすべきかについて考えがあった……　ラヴェルもいましたが、ラヴェルはオーケストラ指揮者の仕事を実際によく知っていて、指揮することも、自分の指揮を自作に合

(15) 原語 carte d'état-major は八万分の一の地域別フランス地図を指す。

わせることも弁えていました。それほどよくあることではありません。演奏家は作曲者以上にものごとについての自分の解釈を提案できると私は思います。それは驚くべきことのように思われるかもしれませんが、そうなのです。そのようにして私は自分自身の作品よりもベートーヴェンの作品の方をうまく演奏できる気がします。

アルシャンボー　それで、今日、オーケストラの指揮はあなたにとって何を意味するのでしょうか？

ブーレーズ　私が指揮するのは、十分演奏されていない一定のレパートリーを演奏する必要が未だにあるからですが、また楽しみで指揮することもありますね……

アルシャンボー　ですが、現代の作品を演奏するオーケストラの大きさは、それらを聴衆に提示することの困難さをも考慮の対象にするのではありませんか？

ブーレーズ　するともいえ、しないとも言える……　前世紀、ヴァーグナーのオーケストラは、今日の幾つかのオーケストラよりも豪華でした。けれどもひとつの作品に楽器奏者がたくさん起用されればされるほど、演奏費用は高くつき、楽器のだぶつきを奮発することはつねに可能だとは限りません。オーケストラについては、ストラヴィンスキーが、《兵士の物語》、《結婚》そして《ピュルシネッラ》で、ロマン主義的な過剰に抗して、オーケストラの規模を縮小しました。シェーンベルク、ベルクそしてヴェーベルンは、極めて限られた編成も使いました。メシアンの最後の作品《彼方への閃光》では、十本のフルート、十本のクラリネットが使われますが、もしアメリカのオーケストラで六人のフルート奏者と六人のクラリネット奏者を臨時で雇わなければならないとしたら、追加費用は法外なものになるでしょう。一部の作品は、たんに費用のために、稀にしか演奏されないのです。

アルシャンボー フランスにおける現代音楽の教育や受容に関して、ある種の怠惰が存在するとお考えですか？

ブーレーズ ええ、そしてそれは政治や日常生活においてのような他の領域でも真実ですね。人々は努力しようとは望まないのです。音楽においては、多くの人々が若い頃に見出したものを反芻するだけに甘んじています。それは恐らく怠惰からですが、また気の弱さ、さらには聴衆に対する卑屈さからでもあるでしょう。それは誤りで、聴衆は、もし何か新しいものを聞かせたとしても、噛みつきはしません。一般に、聴衆は好奇心を掻き立てられたら、ついて行くものです。不信や無理解といった反応を聴衆は示すかもしれませんが、次第に信頼の絆が演奏家と聴衆の間に築かれ、その演奏家は一般のレパートリーよりも近づき難いものを紹介できるようになります。教育にも一定の怠惰があります。一種のルーチンの中で身を立てるのはとても容易です。自分の授業をこなし、同じ曲を演奏する。けれども、音楽生活や知的生活は最小限の投資以上のものを必要とします。

アルシャンボー　聴衆〔＝公衆〕という観念はあなたにとってひとつの意味を持っているのでしょうか？

ブーレーズ　私にとって重要なのは、聴衆が新しい作品を聞けるよう、最大限の機会を創り出すことです。過去という金鉱を採掘することによって、自分のためのキャリアを築こうとしたことは未だかつてありません。過去は、今日何が起きているかを理解するのを可能としてくれるはずですが、恒常的な崇拝の対象となるべきではありません。過去の歴史は、断絶、隣接、切れ目、アマルガムが存在することを私たちに教えてくれますが、私にとって、重要なのは今日の創造行為であり、それこそが、いつも私の気がかりや活動の中心に位置してきました。私は二十世紀のレパートリーと現在の音楽を知らせるために、そして聴衆が二十世紀のそうした典拠物と現在の作曲家たちとの間の関係を理解できるよう、アンサンブル・アンテルコンタンポランを創設しました。

アルシャンボー　かき立てるため……

ブーレーズ　その通りです！　私はいつも同じ例を取り上げるのですが、それはとても示唆的だと思います。つまり、水泳のオリンピック・チャンピオンを誕生させるためには、最大限の数の町や村にプールを作る必要があります。これまで、偶然や提供された状況が個人の遺伝的素質を明らかにできたのですから。水泳の才能にとても恵まれながら、それを知らない人たちがいます。彼らの住居のそばにプールがなければ、彼らは潜在的な才能を持っていることをけっして知ることがないでしょう。音楽についても同じです。音楽を聴く可能性ができるだけ多くの人々に、そして可能なかぎりよい条件で提供されるべきです。その後、そうしたことが人々の興味を惹くかどうかは、彼らの問題です。私にとっての課題は、音楽を、公演や演奏会場に関して可能な限り良い条件で、最良の音響で発見する最大限の機会を人々に提供することです。

アルシャンボー　あなたにとって良い音響とは何ですか？

ブーレーズ　音の響き具合は気象現象のようなものです。つまりそれはホールの形状や、そこに居合わせる人々の数によって変わります……　音響的諸条件はしたがってとても流動的です。世界には、とても優れたホールがあります。ボストン・シンフォニー・ホール、アムステルダムのコンセルトヘボウ、あるいはヴィーン楽友協会ホールのような……　最初に言及されるのはいつもこの三つのホールです。それらがいつも引き合いに出され、ほぼ同じモデルに基づいて建設されています――ボストンのホールは他の二つよりはるかに大きいのですが。現代のホールで良いものはそれほどたくさんありません……

アルシャンボー　時が経ってみて、そうした経験はあなたに何をもたらしましたか？

ブーレーズ　私はたくさん学びましたね。作曲家として多数の音楽家と付き合うことは、物事の実践的《プラグマティック》な側面を見出す助けになりました。私はそうした側面を、「ドメーヌ・ミュジカル」のアンサンブルや、ドイツで、とりわけダルムシュタットで指揮した小編成のアンサンブルで知っていましたが、室内楽という条件においてでした。大オーケストラの経験が私には本当に不足していて、私がそれを試したのは外国においてでした。それは有益であると同時に有害な影響をもたらしました。私がそこで多くを学んだということでは有益でしたが、多くの時間を取られ、作曲に全力を傾けることができなかったという点では有害でしたね。

けれどもお互いさまだったわけで[16]、良いことが時間の浪費を埋め合わせてくれました。様々な考えを抱いている時、著述だけではそれらを擁護することはできず、実際の行為の中を通過させなければなりません。

私は自分の考えの幾つかを音楽生活の中で実際試してみることができました。とりわけ、レパートリー、演奏会の構成、現代音楽の伝え方などです…… そしてロンドンやニューヨークの大ホールでそれを実践するのは興味深いことでした。私は抵抗や無理解に出会いましたが、私の考えは最終的には通りました。時代の最先端にあると言われていた幾つかのプログラムは今日難なく受け入れられています。

(16) 原語 C'est un prêté pour un rendu は、お互いさま、悪行には悪法あり。売り言葉に買い言葉の意味でも使われる。

教育

アルシャンボー　音楽教育をどのように考えますか？

ブーレーズ　教育は起爆装置の役割を持つべきです。そして爆轟が起こるためには、起爆装置と、また同様に爆薬が必要です。もしどちらかがなかったら、何にもなりません。その効果はまた速やかに獲得されなければなりません。長く続く教育はマンネリ化してしまうからです。

私が気づいたのは、そして私に関しては真実だったのですが、最良の教育者は若い人たちだということです。その年齢だと、伝えたいという願望を抱くからです。次いで、一定のマンネリ化が定着し、自分自身の選択したことを究めるために内にこもり、それほど伝えようとはしなくなりがちです。その上、まだほとんど知られていない若い教師たちの講義に出席するとしたら、それは本当にそれらの講義を聞きたいと思っているからなのです。ひとたび名が知られると、皆が彼らの講義に馳せ参じますが、しばしば、彼らには初期の高揚や情熱はもはやありません。

アルシャンボー　作曲はどのように教えることができるのですか？

ブーレーズ　作曲は教えられるものではありません。以前に書かれた諸作品の分析によって誰かの道案内をし、またミシェル・ビュトール(1)が言っていたように、その人が作品について語るのではなく、作品がその人について語るのだということを意識させることはできます。誰しもが作品について語りますが、作品が私たちについて語る時、それは重要になります。そのように導くことはできますが、厳密な意味での作曲については、自分で学ぶ以外、どうしようもありません。或るひとつのテクストにおいて為になると思うものを眺め、そこから引き出せる結論を観察する術を学生たちに教えることはできます。またスコアの幾つかの欠陥を指摘することもできます。配置や形式や釣り合いの欠陥のような……　形式について発言することは可能ですが、内容については不可能です。

たとえ学生が一定の内容を望んでも、その学生にそれを禁じることはできませんが、形式的観点から何が可能で、何が不可能かを示すことはできます。それは保つのがとても難しい立場です。学生たちにネガティヴな、さらには希望を打ち砕くような影響を及ぼす危険があることを意識してしまうからです。また思い違いをすることもあります。或る人物がもう少し後になって成長するということに過ぎないからであるにせよ、あまりにも厳しすぎれば、誰かを打ちのめしてしまうかもしれませんが、あまりにも親切すぎても、何にもなりません……　重要なのは、スタートラインにある若者に熟考すべきものを示唆することです。

アルシャンボー ということは、あなたがマスタークラスを行なう際、あなたはあなたの生徒たちに何も教えないということですか？

ブーレーズ 私は彼らにどうやって学ぶかを教えます。彼らは独学者である術を学ぶべきです。彼らは提示されるものをそっくりそのまま飲みこむべきではありません。野生の動物は小さい頃から獲物探しを学び、自分で自分を養う術を学びます。そして本当の教育においては、そうした何かが存在するのです。

アルシャンボー あなたにとって、演奏解釈および作曲の観点から、理想的な音楽教育は、そうした理想が存在するとして、どのようなものでしょうか？

ブーレーズ ひとつの統一的な答は出せませんね。すべては、各人が教育にどう反応するかにかかっています。或る学生たちは、ひとりの教師、他の音楽を学ぶ人たちの目には最悪と映るであろう教師から利益を引き出すでしょう。私に分かる唯一のことは、私に関するかぎり、長い期間にわたって、教育に携わる忍耐心はなかっただろうということです。

（1）Michel Butor（一九二六～二〇一六年）、フランスの小説家・詩人・批評家。ヌーヴォー・ロマンの旗手のひとり。

アルシャンボー　良い音楽家であるということは必ずしも良い教師であることを意味しないのですか？

ブーレーズ　偉大なヴィルテュオーズたちが教育の天才なら、その都度彼らは素晴らしい生徒を持つでしょうが……　時として自らの成果では目立たない教師が途方もない生徒を生み出すこともあります。彼らには真の教育的才能があるのです。もっとも、私にはそうした才能はあまりありませんが。演奏解釈に関するすべてのために、楽器奏者や歌手たちは技術を学ぶ必要があり、そうした技術的な勉強については、教師は達成の手助けをすることができます。けれども、音楽の演奏解釈において重要なことすべてについては、作曲とやや似ていて、教えることが大変難しいのです。

もし教師に強烈な個性があれば、生徒たちは教師の演奏解釈の本質を理解することなく、教師を戯画化するでしょう。彼らは外面しか把握しない……　オーケストラ指揮者についても同じことです。つまり誰かがカラヤンを模倣しようとしても、カラヤンの成果を手に入れることはないでしょう。カラヤンには彼独自の身振りがあり、つねに真似はできますが、カラヤンには他のものもありました。つまり彼がリハーサルをするやり方、彼が獲得しようとしていた響きがあったのです。

演奏解釈は独学に属します。それを達成するのにとても才能に恵まれた人も、一層時間がかかる人もいます。自転車競技選手の例を再度取り上げますが、演奏家についてもほぼ同じです、地図を用いたアプローチを必要とする人たちがいて、彼らには、或るひとつのスコアがどのように構成されているかを眺め、道筋を考える必要があります。他の人たちにはそれを演奏する必要があり、いったんひとつの作品を練習した後、行程を認識します。つまり準備可能な行程の理解と、練習によって自然に可能な行程の理解があるわけです。それらのことは学ぶものではない……

アルシャンボー　将来の音楽教育をあなたはどのように考えますか？

ブーレーズ　それはまさに外国語の習得のようなものです。つまり、しっかりした表記法の基礎、綴り方や構文法や語彙の理解がつねに必要でしょう。

アルシャンボー　そして、音楽伝統の理解が必要だと私は思いますが。

ブーレーズ　伝統を理解することも必要です。けれども、或るテクストをどのように書くかを知らずに書き、あるいはそのテクストがフランス語の綴り方や構文法の間違いに満ちていても、自らがそうありたいと望む天性すべてを持つかも知れず、その場合伝統は大して役には立たないでしょうね。

昨日の音楽と今日の音楽

アルシャンボー　あなたにとって中世の偉大な音楽家は誰ですか？

ブーレーズ　中世における声楽は、十八世紀に至るまで実際上主要な典拠で、初期の器楽は声楽の転用でした。楽器は、当初、間奏曲として、または自分のところに歌のスタッフがいない場合には編曲〔＝書き換え〕として、声を支え・引き立てるために用いられました。ヴァージナル(1)への編曲は、多くの場合声楽曲を元にして作られ、ヴァージナルの音は持続しないので、持続する印象を与えるために装飾が施されました。ポリフォニー音楽についての問題は、少なくとも最初、それが名前の分からない音楽家たちの行為だったことです。十二世紀末から十三世紀初めのレオナンやペロタン

（1）十六世紀に主として英国で流行った長方形のクラヴサンの一種。

といった人々に至ってようやく、そうした音楽に作者名がつけられ始めます。(2)それらの音楽家たちについて、私たちはギリシャ悲劇作家についてと幾らか似た状況にあります。つまり相当な数の悲劇作家がいたのでしょうが、淘汰が生じて、私たちは三人(3)しか知りません。音楽についても同じです。十三世紀から淘汰が起こり、私たちは間接的な証言から判断する他ありません。

その後、ものごとは明確になります。互いにとても異なる様式が様々な名前と共に現れてきます。次いで、バロック期およびバッハと共に、頂点に至ります。もっともバッハは彼の時代のもっとも偉大な人物とは見なされなかったのですが。

アルシャンボー　あなたにとってギヨーム・ド・マショーは重要ですか？

ブーレーズ　ええ、「アルス・ノヴァ」(4)の作曲家として。そしてまた十六世紀全体の音楽も重要ですね……　十七世紀になって音楽が荒廃したというわけではないけれど、十六世紀の幾つかのマドリガルよりも古びていると私は思います。十六世紀の声楽作品はすべてとても美しいけれど、フランスでは稀にしか耳にすることのないレパートリーです。(5)

アルシャンボー　あなたにとってヨーハン゠ゼバスティアン・バッハは何を体現しているのでしょう？

ブーレーズ　バッハは歴史の特定の時代の最後にやって来て、十七世紀の初めから十八世紀半ばに至る一つの音楽時代を偉大なものにしました。バッハ以後のポリフォニーはもはやけっして以前と同様ではない…… バッハの諸様式をヘンデル、ヴィヴァルディあるいはスカルラッティと比べると、バッハの諸様式はすべてを完全に包括しています。それらにはまったく並外れた高邁さと創意があります。ポリフォニーやハーモニー〔＝和声〕の豊かさ、形式の創意…… まさにそれらの境界の中では凌駕できないであろう頂点です。その後は、ハイドン、モーツァルト、ベートーヴェンといった人たちと共にヴィーンの第一古典楽派(6)がそうしたように、他のものを見出さなければならなくなります。

アルシャンボー バッハはあなたに何をもたらしましたか？

(2) それでも判明しないことがないでもない。レオナン、ペロタンは各々ただひとりの人物か、同名の複数の人物がいたか？……など。
(3) アイスキュロス、ソフォクレス、エウリピデス。
(4) 本来、記譜法に関する「新しい技法」を意味したが、十四世紀の新傾向の音楽を広く総称する概念として中世音楽史上の一時期を示す用語として使われるようになった。マショー (Guillaume de Machaut, c.1300–1377) は代表的な作曲家・詩人。代表作に《ノートルダム・ミサ曲》。
(5) 現在ではそうした状況も改善されてはいると言えるだろうが。
(6) 第二、あるいは新ヴィーン楽派は、シェーンベルク、ベルク、ヴェーベルンによる活動を指す。

ブーレーズ　対位法やフーガを学ぶ際、バッハを通じ、彼の作品をモデルとするのを余儀なくされますね。コラールについても同様に真実です。コラールの発展、コラール・フィギュレ[7]（choral figuré）、コラール・オルネ[8]（choral orné）……　コラールは主としてバッハの作品から学ばれます。私にとってバッハは書法上の偉大なモデルです。彼のカンタータや大がかりな受難曲〔の全体構成〕を然るべく区切っているコラールと同じくらい単純なテクステュアをもったコラールは、多少ともホモフォニックな書法で書かれていますが、それでもとりわけ、和声的および対位法的書法の究極的なモデルです。バッハの後になると、モーツァルトやベートーヴェンのような巨匠においてさえ、彼のような自在さはもはや見出されません。バッハの対位法的書法の妙技は規律と自由の制御の頂点を画しています。

アルシャンボー　一方、バッハにおける鍵盤楽器の技法に属するものについてはどうでしょう？

ブーレーズ　とりわけ、《ゴルトベルク変奏曲》では、クラヴサンをピアノに置き換えることはできません。作品の技巧が二段の鍵盤に組み込まれているからで、そのことから、ピアノで演奏するのは考え難いのです。私はオーセンティシティ〔＝真正さ〕上の諸要求にはほとんど与しないのですが、まさにこの場合、バッハのクラヴィア楽器のための作品を演奏するにはクラヴサンがぜひとも必要だと思います。鍵盤の仕掛けという理由でも、装飾法という理由からもそうです。装飾法は、ゆっくりした楽章では、ピアノの響きよりももっと細く、肉薄で、持続しないのです……　つねに置き換えは行なえますが、私は元来の楽器を優先させたいですね。《ゴルトベルク変奏曲》をピアノで弾いても、その実質は何ら失われませんが、クラヴサンの方が「音響的な衣」としてより優れています。その音楽はクラヴサンという楽器のために「考えられ」、その響きは書法自体に呼応しているからです。

アルシャンボー　バロック音楽の近年の復興をどのように判断されますか？　バロック音楽の演奏についての研究は今日の作曲活動に影響を及ぼし得るでしょうか？

ブーレーズ　バロック音楽のそうした流行は今の時代のある種の拒絶を表しているようですが、その音楽を「とことん」利用しようするのは度を越していると私には思われます。バロック時代には、何人かの大天才と大勢の二流の名匠がいただけです……　その時代を他の時代よりも充実していると思わせようとするのには賛成しません。実際には、それが一層なじみ易いからというだけなのに。バロック音楽には、他のすべての音楽同様、あらかじめ考えられた諸々の形式があり、そして二流の名匠によって利用されると、プレハブの音という印象を与えます。

（7）模倣対位法を重要な要素とするコラール。
（8）前打音や経過音で飾られたコラール。

アルシャンボー　フランスの十八世紀をどのように判断しますか？

ブーレーズ　多分ラモーのオペラは取っておくでしょうね。もっとも彼のひどく時代遅れなバレエ音楽には、また彼の作劇法にも我慢できませんが……　ああした我慢ならない擬古ギリシャ神話すべては大変まずい劇作品です。バッハのカンタータや受難曲にはそのようなものは何もありません。台詞には並外れたものが何らありませんが、宗教的な主題体系は私たちにとってなお何がしかのものを表しています。十八世紀のギリシャ神話もラモーのオペラの語法ですら、ほとんど重要性がない……　多分私がドイツ語をそれほど熟知していないからなのかもしれませんが。ラモーのオペラの台詞は私にはまったく我慢できません。

アルシャンボー　いつかあなたは私に言いましたね。シャルパンティエが本当のオペラを一作しか作曲しなかったのは結局幸運だったと(9)。彼の方はそのことを残念がっていましたが……

ブーレーズ　一般的に、その時代の宗教的な作品の方が時の流れによく耐えると私は思います。リュリのであれ、ヘンデルのであれ、私にはオペラは苦痛です。それらをほとんど「うやうやしく」聴きに出かける現代の流行は奇妙です。それらの作曲家と同時代の人々がそれらを聴いていた流儀を考えると驚くばかりです。人々は、食事をしつつ、ぶらぶらしに行っていたのです……　彼らは入ったり、出たり、さわりの曲を聴きに来て、また出ていったものです……　私はそうしたことを文楽の興業で目撃しましたが、昔からの常連たちはそうするのです。つまり自分の知っている面白い場では席についているのですが、残りの時間は入ったり出たりです。[10] 今日の西洋の観衆は、十八世紀のオペラに、それがけっして経験したことのない尊敬を払っている！　その時代の音楽家たちは、彼らの作品の現代の上演に驚くと私は思いますね。

アルシャンボー　あなたにとって、ドイツのロマン主義は何を表していますか？

ブーレーズ　私にとって、偉大なロマン派の音楽家、それはヴァーグナーです……　彼は古典主義という強迫観念に憑りつかれなかった数少ない作曲家のひとりです。彼はまさに絆を断ち切り、過去のことをもはや気にかけていませんでした。ドイツのロマン主義には、ゲーテが言ったように、「古典主義に対する一種の強迫観念」があります。それにシューマンやブラームスにおいては、ベートーヴェンと同じくらいうまくやりたいという願望があります。

アルシャンボー　シューマンとブラームスですか？

（9）Marc-Antoine Charpentier（一六四三～一七〇四年）。問題となっているオペラは、トマ・コルネイユ（ピエールの弟）の台本による悲劇オペラ《メデー》のことだろう。

（10）現在、日本でも常連は少なくなり、状況は現代ヨーロッパの観衆が昔のオペラに示す敬意とさほど変わりないかもしれない。

ブーレーズ　シューマンの歌曲集には重要な傑作があります。彼の「スナップショット」――もしそう名づけてよければ――はまったく素晴らしい。彼は束の間と瞬間性の詩人です。それに、彼は広がりのある諸形式よりも瞬間的なものの中での方がはるかに寛いでいます。ブラームスのアイデアはそれほど独創的ではないけれど、それらのアイデアを展開させる技量ははるかに練り上げられたものでした、彼はアイデアを巧みに操る術を弁えていたのですが、シューマンは時としてそうするのに苦労しました。

アルシャンボー　それではマーラーは？

ブーレーズ　マーラーにおいては、とりわけ交響曲第五番以降、書法の複雑さや洗練における、また自分の典拠の活用における素晴らしい発展があります。それらの典拠は第一番と第九番との間で実際上変化しなかったのですが、変化したのは、それらが当初極めて明白であるのに、最終的には完全に超越され、「純粋な」マーラーになったということです。それは崩れ落ちることのない進展なのです。たしかに、交響曲第八番には、特に第二楽章に、他の交響曲よりも脆弱なパッセージが幾つかありますが、それでもそれらはとても興味深い骨組みの中に位置しています。

アルシャンボー　あなたのドイツ的傾向をどのように説明されますか？

ブーレーズ　それは恐らくドイツ文化に対するフランスの閉鎖性への反動からきているのでしょう。

私はそうした音楽的伝統を、自分の唯一の参考とするためではなく、外れてしまわないために知ろうとしたのです。ストラヴィンスキー、バルトークやヴァレーズ、そしてヨーロッパ外の様々な音楽を知らなかったわけではありませんが、それらを模倣するためではなく、自分の生きている世紀の音楽をできるだけ広く知っておくためでした。伝統を知るのは自分自身を知るためだと言ったのはマティスです。ドビュッシー、ラヴェル、ストラヴィンスキー、三人の〔新〕ヴィーン楽派の作曲家たち、ヴァレーズ、ヨーロッパ外の音楽……　多大な混合ですが、それには方針があるのです。

アルシャンボー　方針？

ブーレーズ　私にはつねに振り子運動のようなものがあります。つまりフランス的快楽主義はオーストリア的表現主義とバランスを取り、オーストリア的表現主義はヴァレーズ流の生の素材とバランスを取り、ヴァレーズ的傾向は、ヨーロッパ外の諸音楽に見出されるような儀礼的音楽とバランスを取ってきた……　アフリカやアジアの音楽を認識することはある種のヨーロッパ的アカデミズムの危険に対する歯止めでした。

アルシャンボー　あなたは極東やアフリカの音楽に興味を持たれたのですか？

ブーレーズ　私はアンドレ・シェフネール(11)のおかげでアフリカの音楽をたくさん聞きました。彼は今日では「民族音楽学者」と呼ばれる人物で、自分の調査旅行から何キロメートルもに及ぶテープを持ち帰り、極めて興味深いものを私に聴かせてくれました。彼はひじょうに面白い人物で、私は長い間彼と付き合いました。

アジアの音楽について、私がそれを聞けたのは、ギメ博物館で音楽を担当していたマディ・ソヴアージョのおかげです。私は極東の音楽、つまり皇室の音楽である雅楽、一種のドラム・リリック〔歌劇〕である能、人形劇である文楽といった日本の音楽、中国の音楽、とりわけ中国演劇、バリの音楽、インドの音楽……などを発見しました。民族誌学徒として、一九四六年にインドシナへの調査旅行に出発する予定ですらあったのです。けれども、戦争〔第一次インドシナ戦争〕が勃発して、すべて取りやめになってしまいました。

アルシャンボー　あなたの音楽が上述の音楽に影響されたこともあり得た？

ブーレーズ　そうした音楽の発見は西洋の音楽伝統との関連で私の音楽体験を広げてくれました。〔新〕ヴィーン楽派、ストラヴィンスキー、そしてバルトークはすでに私の体験に寄与していましたが、アフリカやアジアの楽器法や思想自体、私を大いに刺激しました。

私にとって、ひとつの楽器はひとつの思想を語っているわけで、それらの楽器を私の音楽で活用しようとしたことは未だかつてありません。私たち西洋の楽器は西洋の思想の産物であり、日本の楽器はその思想の産物です。それらを使うことは、着物を着たり、自分を日本人だと思うことに帰着することになるでしょう。私たちは、同じ教育も、同じ伝統も、同じ耳も持っていないのです。

非西洋の伝統とそれらの音楽との間には、格別な一致が存在します。それら非西洋の音楽から着想を得ることは可能ですが、それは、それらの楽器〔＝道具〕を我が物とすることによってではなく――それは愚にもつかないことです――、それらの音楽がどのように構築されているか、それらがどのように作用するか、それらがどのような音程、どのような時間概念、どのような形式概念を用いているかを理解することによってです。

アルシャンボー　十九世紀のレクイエムで、あなたの好きなものはありますか[12]？

ブーレーズ　私にとって、フォーレのレクイエムは、お粥のようなものですね。フォーレはベルリオーズの過度の雄大さに抵抗して、荒々しさのない、くつろいだレクイエムを書こうとしました。彼の音楽は、英語では「スムース」と言いますが、「滑らか」なものです。ヴェルディのレクイエムは、イタリアの伝統の中にあると同時に、かなりベルリオーズに近いけれど、ベルリオーズほど突飛ではありません。ヴェルディにおいては、限界を超えないよう注意する執念があるからです。べ

（11） André Schaeffner（一八九五～一九八〇年）、フランスの人類学者・民族音楽学者。特に若い頃には音楽評論家でもあった。次の書物も参照されたい。Pierre Boulez/André Schaeffner, *Correspondance 1954–1970*, présentée et annotée par Rosângela de Tugny, Paris, Fayard, 1998（ピエール・ブーレーズ／アンドレ・シェフネール『ブーレーズ－シェフネール書簡集1954–1970』笠羽映子訳、音楽之友社、二〇〇五年）

（12） ここで唐突に話題が変わるが、対談とその編集の成り行きなのだろう。

ルリオーズの方は、けっして美的センスを気遣ったりしませんでした。彼はつねに身振りに対する並外れた愛情を抱いたのです。《幻想交響曲》にせよ、《ロメオとジュリエット》にせよ、《ファウストの劫罰》にせよ、彼の最良の作品においては、身振りへの一種の熱中が存在します。それは時として完全に失敗しています。《ファウストの劫罰》の最後はその例ですが、そこでの〔ファウストとメフィストフェレスの〕騎行、次いでマルグリットの天国への到着は、信じられないほど悪趣味です。

アルシャンボー　諸々の音楽言語が急激に増加しても、私たちの時代や将来の音響世界の総合的な知覚は相変わらず可能なのでしょうか？

ブーレーズ　そうした手段の分散は十九世紀に遡ります。まさにその時代以降、〔音楽〕言語において、一層多くの個性〔＝個体性〕が存在するようになったのです。「破局はベートーヴェンに始まる」と冗談で言いますが、それは特に晩年のベートーヴェンについてあてはまります。たしかにヴァーグナーとムソルグスキー、ドビュッシーと〔リヒャルト・〕シュトラウス、あるいはさらにシェーンベルクとラヴェルの間に繋がりを見出すことは困難です。個人主義〔個体主義〕が音楽やそれを創造する人々の特徴に実際なったのです。同様に、ファン・ゴッホとセザンヌを結びつけたり、いわんやセザンヌを彼の時代のアカデミックな絵画と関係づけたりすることは大変困難です。

十八世紀は統一のとれた最後の時代だったと思いますね。まだ共通の語彙が存在していて、モーツァルトのような人々は天才的なやり方でそれを活用し、他の、イニャス・プレイエル(13)のような人々ははるかに凡庸に用いました。

同じ世紀の前半では、バッハが偉大な深みと驚くべき創意を手中にしていたのに対して、テレマンの方は本当にありきたりのものしか持っていませんでした。同じ時代においても、すべてが無論同じレヴェルに位置するとは限りません。すべてを復活させようとすることが私にとっていつも馬鹿げていると思われるのは、まさにそうした理由からです。共通の語彙においてさえ、著しい相違が存在するのです。交響曲《ジュピター》とモシェレス(14)かプレイエルの交響曲を比較するなど、まったく的外れです……　あるいはベートーヴェンの交響曲とルイジ・ケルビーニの交響曲を比較するのも同様です。もっとも後者はよく書けてはいるけれど……　いかなる疑いも可能ではない。つまりベートーヴェンは比類のない天才で、一方ケルビーニは数ある才人のひとりです。

(13) Ignace Pleyel（一七五七～一八三一年）、オーストリア生まれ、フランスの作曲家、音楽出版業者、ピアノ製作会社創設者。ピアノ協奏曲や協奏交響曲が管弦楽の大部分を占める。

(14) Ignaz Moscheles（一七九四～一八七〇年）、チェコ生まれ、ドイツのピアノ奏者・指揮者・作曲家。ピアノ協奏曲は八曲書いているが交響曲は一曲のみ。プレイエルとモシェレスをここで引き合いに出しているのは、当時彼らが名声を馳せていたためで、彼らは今日ピアノ曲の作曲家としてある程度認知されていても、管弦楽のジャンルでは忘却されている。

アルシャンボー　先立つ諸世紀の音楽と現代の音楽の間に、架け橋となるものは存在するのでしょうか?

ブーレーズ　それらの音楽と現代の音楽との間の真の架け橋となるのは、グループ上の固定がなかったということでしょう。《ブランデンブルク協奏曲集》は、その都度異なる楽器グループによって演奏されていましたが、当時は、規格〔＝スタンダード〕がなかったからです。ハイドンやモーツァルト以降、そして古典派音楽のレパートリーすべてを通じて、徐々に規格ができていきました。音楽はその時からスタンダード化され、十九世紀の音楽は、初期のコンサートホールの出現と共にそうしたスタンダード化を押し進めました。

十九世紀の初めと今日との間では、聴き方の違いが著しいですね。ベートーヴェンは自分の四重奏の演奏会を、日曜日の午前中、居酒屋の二階で、ごく少数の聴き手に向かって行なっていたのですが、今日ではベートーヴェンの四重奏曲が二千席もあるホールで演奏されることもあります。音楽を構想したり、聴いたりするやり方はもはや同じではまったくない……

バロック時代、オーケストラ指揮者は実際上いませんでした。オーケストラ指揮者という職務を認めさせたのはロマン主義の時代で、ベルリオーズやヴァーグナーと共にです。彼ら以前にも、フエーリクス・メンデルスゾーンあるいはフランソワ・アントワーヌ・アブネック(15)のような指揮者はいました——アブネックはベートーヴェンの交響曲の演奏解釈でヴァーグナーを夢中にさせましたが、それと言うのもヴァーグナーはそのような演奏解釈を耳にしたことがなかったからです——が、オーケストラ指揮者の役割は十九世紀になってようやく明確になり始めたにすぎません。そしてさらに、十九世紀末になっても、指揮者の名前は、オペラの上演に記載さえもされず、指揮者は、言わば、他の職人のうちのひとりであり、彼は他の演奏者よりも重要だとは見なされていませんでした。

そうした指揮者の職務は、主としてベルリオーズによって、彼の『管弦楽法概論』の最後で、次いでヴァーグナーによって、彼が「指揮の技法」と称するものと共に、定義されました。ベルリオーズの著作には、ひとつの小節の分解法についての多数の実践的助言があり、他方ヴァーグナーは楽譜、とりわけベートーヴェンの楽譜を、また或るフレージングをどのように指揮するか、なぜ指揮をするのかを問いただしています…… ヴァーグナーは楽譜の実体や、それと指揮との関係に専念し、ベルリオーズの方は、あれこれの作品を指揮するための身振りの明快さの方をずっと気にかけています。したがって、一八五〇年から一八六〇年頃、これら二人の作曲家がオーケストラ指揮者の職務をはっきりさせる必要を感じたということが確認されるのは興味深いことです。

(15) 作曲家であり指揮者としても活躍したドイツの作曲家メンデルスゾーン（一八〇九〜一八四七年）はベルリオーズ（一八〇三〜一八六九年）より後に生まれているが、アブネック（一七八一〜一八四九年）同様、指揮者としては十九世紀前半に属するということなのだろう。

アルシャンボー　ベルリオーズのような独学の音楽家の作品をあなたはどのように判断しますか？

ブーレーズ　ベルリオーズの場合とリストの場合とを比較検討してみたいと思います。リストはピアノのためには、和声感覚に対する真の洗練を示しつつ、見事な作品を書きましたが、彼がオーケストラのために書いたり、書かせたり——彼の楽譜を管弦楽化したのはいつも彼だったわけではありませんから——した場合、それは精彩のない、大した面白味のないもので、何かが欠けていました。

ベルリオーズの方には、逆に、管弦楽法のセンスがありました。彼は近代的な管弦楽を導入しました。ベートーヴェンの管弦楽からの突破口を開いたのはベルリオーズの管弦楽で、それはとりわけ《幻想交響曲》の最後の楽章においてですが、ベートーヴェンの死と《幻想交響曲》との間にはほんの数年の隔たりしかありません(16)。その後さらに多くの道のりを経なければならないわけですが、すでに管弦楽法の概念はベートーヴェンのそれとはまったく異なっています。けれども、そのことを別として、ベルリオーズの和声言語は極めて不器用で、それについて言えることすべてにもかかわらず、彼の作品には、創意によるというよりはむしろ欠陥による個性的な和声があります。

ベルリオーズを指揮する際、私は管弦楽法や大変美しい楽想にとても注意を払いますが、彼の和声にはいつも当惑します。彼と同じ世代のリストやショパンの和声に比べて大変貧弱だからです。ベルリオーズには独学者の側面があり、彼は音楽家のメチエをけっして完全にはマスターしませんでした。彼は「行き当たりばったりに」和音を奏でる下手なギター奏者という感じがします。とはいえ、それは、彼の作品の見事に成功している他の側面を私が認める妨げには全くならないのですが。たとえば、ヴァーグナーにおいては、あの和声的発展が素晴らしい管弦楽的次元を伴って見出されます。

ヴァーグナーもまた独学者も同然でしたが、《彷徨えるオランダ人》と《パルジファル》の間の発展を考察すると、ある種の非凡な技法の展開が認められます。

アルシャンボー　そしてエリック・サティは？

ブーレーズ　サティはマイナーで取るに足りない才能しか持ち合わせていなかったと私は思います。ドビュッシーやラヴェルに比べると、サティは、多分《ジムノペディ》を除いて、存在しないも同然で、それだけです。絶えず彼は復権するのですが、《ジムノペディ》のように、ドビュッシーやラヴェルに恐らく影響を与えた作品においてさえ、サティには復権すべきものは実際には何もありません。

ラヴェルの《マ・メール・ロワ》の「美女と野獣」は冒頭が《ジムノペディ》の一曲の冒頭と同じために、しばしば「ジムノペディ第四番」と称されます。美女の主題素材と野獣の主題素材は完全に異なっていて、どうやってラヴェルがそれらを結びつけるのか私たちには見当がつかないのですが、彼は実に見事に結びつけるに至っています、他方、サティは、彼の音楽すべてにおいて、そ

（16）ベートーヴェンの没年は一八二七年。《幻想交響曲》の作曲は一八三〇年。

の種の何かをけっして考えたことがありませんでした。《ソクラテスの死》は、本当にもっともまじめな素人芸です。

アルシャンボー　チャールズ・アイヴズは……

ブーレーズ　アイヴズもアマテュアではあったのですが、彼にはアイディアがありました。ただそれらのアイディアを具体化するための手段が彼には欠けていた……　結局、アイヴズは失敗したマーラーです。マーラーの着想の出所はとても分かり易い。それらは、軍隊行進曲、葬送行進曲、レントラー(17)、つまり庶民的な音楽と、たとえばアダージョ楽章に見出されるような偉大なベートーヴェン的伝統です。高尚な伝統と庶民的な伝統を超越して、そこからマーラーはすぐにマーラーだと分かるまったく個人的な何かを作り出しました。元の生の素材が見事に乗り越えられているのです。アイヴズにも俗謡、軍隊行進曲、祭の行進曲が見出され、また彼のリズム上のアイデアや彼の語彙は興味深いのですが、つねに未達成なものにとどまっています。創意がまったく制御されていないので、無駄になってしまっています。私が指揮したことのある《交響曲第四番》や《コンコード・ソナタ》には、極めて興味深いアイデアが存在しますが、うまくいっていません。すべてやり直すべきなのでしょうが、そうするとアイデアの豊かさという主要な長所を恐らく失うことになるでしょう。彼の生誕百年にあたった一九七四年に私はアメリカ合衆国にいて、彼の作品をもう少し注意深く検討してみました。それらは、未完のままになっていた自筆譜に基づいた書き直しでした。すべてを再度書く必要があったのでしょうが、そうする苦労に値するものかどうかを知ることが問題になりますね。

アルシャンボー　ではアルベール・ルーセルは？

ブーレーズ　ルーセルは良い意味で独学者でした。つまり彼はメチエを習得していた。彼が書いたものは良く考えられていますが、第一級の人物ではありませんでした。《交響曲第三番》のような新古典主義的な作品には、成功した思考がありますが、無論、ドビュッシーと少しでも比べたら、すぐに違いが感じられます。ポール・デュカ、パウル・ヒンデミット、マックス・レーガーといった音楽家についても、同じ問題が幾分あります。彼らはかなりのレヴェルにあり、興味深いのですが、第一級の音楽家ではありません。彼らがいなくても、音楽はそう変わらなかったでしょうが、彼らは、各々自分なりのやり方で、全体のパノラマを豊かにしたのです。

アルシャンボー　あなたの考えでは、多少とも実り豊かな創造期が存在するという事実に対する説明はあるのでしょうか？

ブーレーズ　それを確認するのは可能です。私の世代については、その開花に先立った戦争期のた

---

(17) オーストリア等の民族舞踊。

めに、とても活動的だったと言われてきました……　音楽や絵画や文学などすべての領域において最も創造的だった時代は一九一四年の戦争〔第一次世界大戦〕の前に位置づけられてきました。音楽家の生まれた年についても同様です。華やかな数十年が確認できます。「ストラヴィンスキー世代」では、数年の差で、ストラヴィンスキー（一八八二年）、シェーンベルク（一八七四年）、ベルク（一八八五年）、ヴェーベルン（一八八三年）、ラヴェル（一八七五年）、デ・ファリャ（一八七六年）、ヴァレーズ（一八八三年）、バルトーク（一八八一年）が生まれています。次いで一九二〇年から一九二五年あたりでは、マデルナ（一九二〇年）、ノーノ（一九二四年）、ベリオ（一九二五年）、シュトックハウゼン（一九二八年）、そして私（一九二五年）が生まれています。

私たちは全員、一種の房のように生まれたのです。また私をつねにとても驚かせてきたことがあります。それは、信じがたいほど様々な音楽家たちが同じ時代に活動したということです。たとえばシャルル＝マリー・ヴィドール[18]とストラヴィンスキー、あるいはマックス・レーガーとヴェーベルンがそうです。それは、クローデルが『繻子の靴』の冒頭に記した銘句――「神は曲線を用いてまっすぐに書く[19]」を私に思わせます。音楽には、幾つもの曲線が存在しますが、歴史は進んでいきます。そうした理由でシェーンベルクを拒絶することができないのです。ストラヴィンスキーだけにかけて誓うのは非常識でしょうから。

アルシャンボー　エドガー・ヴァレーズは次のように予言していました。「音楽葬儀人が電子音楽の防腐処置を規定通りに行ない始めるまでにはほんの僅かの時間しかかからないだろう。」この悲観的な言葉についてあなたはどう思いますか？

ブーレーズ　その言葉を文脈の中に置き直す必要があります。ヴァレーズは、彼の時代の諸々の技術的可能性に先んじていたので、ひどく苦しんだのです。彼はあまりにも年老いた世界にあまりにも若く生まれてしまいました。彼は音楽の科学的かつ論理的なアプローチを望んだのでしょうが、彼にはその技術的手段がありませんでした。アメリカ合衆国においてであれ、ヨーロッパにおいてであれ、いかなる大きな機関もヴァレーズが必要としていたものを彼に提供することはできませんでした。《砂漠》にせよ《ポエム・エレクトロニック》にせよ、説得力のある作品ではありませんが、それは、彼がとても原始的な手段を用いて、すべてを自分で日曜大工的に細工しなければならなかったからです。一九五〇年代に、彼がフランスに戻ってきた際、彼はそれらの手段を手に入れたいときっと期待したのですが、そうはならず、彼は本当に幻滅したのでした。

(18) Charles-Marie Widor（一八四四～一九三七年）、フランスのオルガン奏者・作曲家・教育者。
(19) cf. *Le Soulier du satin*, dans *Paul Claudel Théâtre II*, Bibliothèque de la Pléiade, Paris, Gallimard, 1965, p. 661. ポルトガルの諺で、渡辺守章訳（岩波文庫、二〇〇五年）では、「神ハ曲ガリクネッタ線デ真ッスグニ書ク」。本書では仏訳されている。

アルシャンボー　あなたはストラヴィンスキーと近づきになったのですか？

ブーレーズ　私は一九五七年から一九六三年〜一九六四年にかけて、その後一九六七年から一九七一年にかけて、ストラヴィンスキーと付き合いました。後の方の時期、ストラヴィンスキーは重い病を患っていて、彼の取り巻き、とりわけロバート・クラフト[20]がバリケードを築いていました。ストラヴィンスキーの最晩年はとてもきついもので、何とか生きながらえるような治療がなされていました。私が一九五七年にストラヴィンスキーと知り合った時、彼は七十五歳で、活気に満ちていました。私は、私の世代がしようとしていたことに彼が関心を抱いていたのに心を打たれました。一九五七年、ニューヨークで、クリスマスの晩餐後、初めて個人的に彼と話す機会を持ちました。その数年前、私は彼の新古典主義時代に対して論戦を挑んでいて、彼はそのことで私を恨んでいたかもしれないのに、とても温かく遇してくれました。

ストラヴィンスキーは自分の周囲で起こっているすべてのことを待ち伏せて捕まえる、捕食者的人間でした。彼は自分が〔新〕ヴィーン楽派から外れていたことを承知していました。ストラヴィンスキーが、自分の美学からして、あるがままのシェーンベルクを本当には評価できなかったということを私は今日、十分理解できます。幾分、ベーコンがクレーを評価できなかったのと同様です。[21]ストラヴィンスキーは、シェーンベルクの美的観点を、そして心情的観点すら拒絶しつつ、〔新〕ヴィーン楽派が彼に対して表示し得た重要性や、彼がそこから引き出し得た豊かさを理解しなかったのだと思います。ですから、ストラヴィンスキーが、私たちは、ストラヴィンスキーにも、また同様に他の十二音主義やバルトークのような音楽潮流にも関心を抱く世代であると考えたらしいことを私は評価しました。自問する理由がそこに存在すると彼は感じ取ったのです……

ロバート・クラフトはその当時とてもポジティヴな役割を果たしました。というのも、彼は私たちがしていることや、私たちの及ぼす影響がどのようなものかを知ろうと努めたからです。私たちの世代はストラヴィンスキーの世代と同じではありませんでしたから、世代同士の直接的対決という問題はありませんでした。また〔新〕ヴィーン楽派の人々やバルトークは世を去っていたことも言わなければなりませんね…… ストラヴィンスキーはバルトークのことを素晴らしいと思ったことはけっしてありませんでした。ハンガリー人に対するロシア人のそうした態度保留を私が理解したのはずっと後になってからで、トゥール〔フランス中部の古都〕でスヴャトスラフ・リヒテルの演奏会を聴いた時でした。リヒテルは、二台のピアノのためのリサイタルを催し、バルトーク、ストラヴィンスキー、そして私の作品のひとつ〔二台のピアノのための《ストリュクチュール》〕を演目にしていました。彼はバルトークの作品を私には幾分ぞんざいと思えるように演奏し、ストラヴィンスキーの新古典主義の作品の方は堂々と演奏しました。つまり、彼にとって、ストラヴィンスキーは

(20) 本書八五頁、注(15)参照。
(21) これについては、アルシャンボーと『フランシス・ベイコン　対談』の中でも話題になっている。Cf. Francis Bacon, *Entretiens avec Michel Archimbaud*, Paris, Gallimard, 1996, p. 84.

偉大な古典主義を代表しているのに対して、バルトークはフォークロア的なものだったのです。リヒテルの見解はストラヴィンスキー自身の見解でもあり、バルトークの音楽は作曲家にとって、あまりにも近しく、あまりにも平俗なものとなってしまっていたのです。

アルシャンボー　ストラヴィンスキーの新古典主義時代について、あなたはどのような意見を持っていますか?

ブーレーズ　そうした新古典主義の時期は後期ロマン主義時代の行き過ぎに対する反動でした。ストラヴィンスキーは、彼が自らの内に持っているものからして、ヴァーグナーやマーラーにはとても我慢できず、彼らの作品を聴くことは極めて稀でした。彼はマーラーの或る交響曲を聴いて、変ホ長調という調性でやっているらしいことを示すのにどうしてそんなに時間をかけるのかといぶかりました。それはやや性急な反応で、「シェーンベルク、表現主義、それは中央ヨーロッパには良いけれど、フランスにとっては良くない!」と言っていた両大戦間のフランス人音楽家たちの反応に似ています。その種の表面的な反応は、特にストラヴィンスキーのような天才の場合、理解できますが、批判された作曲家たちの実際の歴史的重要性から彼を逸らせてしまったのでした。私としては、音楽は表現だけれど、或る光景の美しさをきまって表現するわけではないと思います。音楽は何かの応用ではないのです。

十九世紀にはそうした応用が多く実践され、映画音楽に堕していきました。ストラヴィンスキーは、秩序が音楽の本質であることを望んでいましたが、奇妙なことに、彼のもっとも優れた音楽《ペトルーシュカ》《春の祭典》《結婚》は逆に彼が大いに表現した音楽だと思いますね。ストラヴィンスキーがそうした意見を表明した際、彼は新古典主義の時期、完全な狼狽と不毛の時期にいました。ストラヴィンスキーにはひとつのモデルが必要で、それを少し変形して何かを作り出さなければならなかったのだと思います。それは、不幸にもひじょうに優れた画家ではなかったモーリス・ドゥニの次のような文が蒸し返される場合に多少似ています。「一幅の絵画は、一頭の軍馬、ひとりの裸婦あるいは何らかの逸話である前に、何よりも、一定の秩序のもとで組み合わさった様々な色彩で覆われたひとつの平面である。」もちろんそうですが、芸術はその物質性には還元されません。音楽においては、物質的〔＝具体的〕で秩序立った側面がありますが、秩序は何かのために形づくられているのです。もし秩序が秩序自体をのみ究極の目標としているなら、それには何らの意義もありません。ですからストラヴィンスキーのその時期はそれほど興味深くはないのです。

アルシャンボー　ストラヴィンスキーはシェーンベルクに対して本当の恐れを抱いていたのでしょうか？

ブーレーズ　ただ単に、両大戦間において、ストラヴィンスキーは、ポール・ヴァレリーを思想的指導者とする一定のフランス知識階級に属していたのだと思います。ストラヴィンスキーの新古典主義はヴァレリーの詩的新古典主義を大いに思わせます。問題は、マラルメのソネとヴァレリーのソネの間の相違が著しいことです。マラルメにおいて、形式は彼の思想に厳密に対応しているのに、ヴァレリーの場合はそうではない。ヴァレリーにおける形式ははるかに形式的なのです。ヴァレリーの思想は、彼が形式主義を追い払った『カルネ〔メモ帳〕』においての方がはるかに興味深いですね。

アルシャンボー　ストラヴィンスキーはシェーンベルクが導入した新しさに怯えたのかもしれないとは思いませんか？

ブーレーズ　そのことは全然気にしていなかったと思います……　シェーンベルクにおいても新古典主義的な傾向は見出されます。一九一四年の戦争以前には、混乱して、混沌として、波乱に富んだ、しかしとても創意に満ちた時期がありました。戦争が済むと、「アングル風」の時期のピカソがそうだったように、あらゆる芸術において一層古典的な形式を伴った秩序への回帰が認められます。

アルシャンボー　ジャズについてどんな関心を持っていますか？

ブーレーズ　その音楽が既成の諸形式に依存している限りにおいて、興味はとても限定的ですね。ジャズは多少プレハブ的なものです。つまり何も創造せず、古い節や昔のうまくいったやり方を繰り返している……　つねに即興に割り当てられた枠がありますが、私はインド音楽の即興的枠組みの方が好きです。私にとって、そちらの方がはるかに豊かな音楽です。

奇妙なことに、私がジャズに対して非難するのは、そのリズム的貧困なのです。ジャズは、基本的に四拍子の音楽にとどまっています。シンコペーション、ひねりや揺れはありますが、それはつねに〔四拍子という〕束縛の内部にあって、ひねりが著しくて、拍子の束縛が忘れられることはとても稀です。和声語法もとりわけ豊かというわけではありません。二十世紀の音楽に比べ、極めてエントロピー的な語彙ですね。もっとも、即興が見事な場合、素晴らしいこともあります。つまり一九七〇年代に差し掛かった時、フリー・ジャズは伝統的なジャズの和声的・リズム的な慣例から脱し、当時私たちが耳にできた即興の幾つかは、とても自由で、とても興味深いものでした。

アルシャンボー　ストラヴィンスキーやラヴェルのような作曲家たちはそれでもジャズに魅了されたのでしょうか？

ブーレーズ　彼らがそうしたジャズの音楽にもとづいて書いた作品は、彼らのもっとも興味深い音楽には属していません。ジャズは時代ととても結びついた音楽で、それを発見して、ラヴェルやストラヴィンスキーが彼ら各々の世界に統合しようとしたということは、私には理解できます。

アルシャンボー　あなたの世代の音楽家で、あなたが親近性を感じ、そのアプローチが、あなた自身の美学的選択とは一致しなくても、個性的だ思われたのはどんな人物ですか？

ブーレーズ　シュトックハウゼン、ベリオ、リゲティ、ノーノはとても近しく感じました。私たちが辿った道が相互にばらばらになっても、私は今日なおそうした親近性を感じています。彼らが書いたものを私が評価するにせよしないにせよ、いずれの場合でも、私は彼らにおいて、進んで「世代的連帯」と呼びたいものを認めます。

アルシャンボー　どんな音楽家があなたにとって重要でしたか？

ブーレーズ　私のデビュー当時はプスールです。次いでシュトックハウゼンとベリオ。私はそれらの音楽家たちとひじょうに徹底的な意見交換をしました。

アルシャンボー　そしてブルーノ・マデルナ？

ブーレーズ　私は彼とは何にもましてとても強い友情関係を持ちました。マデルナはとても頭の切れる人物でした。彼は明敏で才気渙発でした。けれども音楽面で重要だった音楽家には属していません。私たちは音楽的である以上に友だちとしての関係を持っていました。

アルシャンボー　あなたはマデルナを追悼した作品を書きましたね？

ブーレーズ　その通りです。マデルナは夭折し、そのことは、私や私の世代の多くの音楽家たちにとって大きな悲嘆の種でした。

アルシャンボー　ヤニス・クセナキスの創作活動についてはどう思われますか？

ブーレーズ　彼の思想は興味深いのですが、それは音楽的である以上に視覚的です。彼にはつねに確固とした音楽教育が欠けていて、彼の思想を効果的に伝えられたであろう手段にけっして専念することはありませんでした。

アルシャンボー　あなたにとって、ピエール・シェフェール(22)の音楽研究グループ（ＧＲＭ）の創設は何を表したのでしょうか？　とかくあなたの運動と対置されてきた音楽運動ですが。

ブーレーズ　私にとって、シェフェールが大音楽家だったことは未だかつてありません。彼には深い音楽的教養は何もなく、彼の知識は表面的なものでした。彼にはある種の上薬はあったけれど、手堅いものは何もなかった……　彼は自分の知識に自信がありましたが、無教養に近く、私が彼を高く評価したことはけっしてありません。彼はＧＲＭという自分の船を愚劣に操り、結局、すべてが真摯な音楽的省察を何ら伴わない音楽コラージュにとどまっているだけです……　彼の『音楽オブジェ論』はひどいものです……

アルシャンボー　あなたにとって、ＧＲＭはしたがって現代音楽史において大したことを表していな

(22) Pierre Schaeffer（一九一〇〜一九九五年）、フランスの作曲家・音響技術者。

いわけですね？

ブーレーズ　ブリコラージュです……　当初のアイデアが適正ではなく、もっとも、音楽を豊かにする電子的手段があるわけだから、条件は適正だった。けれども問題は、そうした状況から出発して、GRMの連中はあらゆるもの、何でもよい何かのサンプリングに取りかかったのです。彼らが形式や構築や音響素材に対するセンスを持つことはけっしてありませんでしたね。

アルシャンボー　だからといって、そうした実験に参加していた音楽家たちの作品をあなたがプログラムに組み入れる妨げにはならなかった……　私が考えているのは、たとえばフランソワ・ベール(23)のような人物ですが……

ブーレーズ　オーケストラ指揮者として、私は自分が特別心を惹かれていない音楽家の作品も指揮してきました……　検閲を好んだことはけっしてないのです。たとえ誰かを排除すれば、犠牲者を作る危険があるからということでしかないにしても。私は犠牲者には我慢できません。そしてそれに、もし耳を傾けないなら、どうして判断できるでしょう？

アルシャンボー　現在の音楽は、あなたがそう想像し、あるいは期待したように発展しているのでしょうか？

ブーレーズ　どのように音楽が発展していくかを知ることはけっしてできませんし、それはつねに思いがけない事柄です。政治についてと同様ですね。私たちの世代の誰がベルリンの壁の崩壊を予想できたでしょうか？　東側諸国の情勢は完全に行き詰まっているように思われていたのに、事態は突如急速に変化し、思いもよらないことが起こりました。芸術でも同様です。つまり物事は行き詰まっているように見え、そして次いで何故だかよくわからずに、新たな風が突然吹き始めます。

一九四七〜一九四八年に私が、自分の年齢からして、未来に向けてたくさんのことを企てていた当時、私にはそうした課題に答えることはできなかったでしょう。私には、自分が今日書くであろうものを見抜くことはできなかったでしょう、幸いなことにも。だってもし私たちが厳格なプログラムによって制御されているとしたら、何と怖ろしいことか！　IRCAMの創設当初でも、私にはその機関がどうなっていくのかを言うことはできなかったでしょう。私にはテクノロジーの発展を予言することはできなかったでしょう。IRCAMは当初そうであったものとはまったく違うものになりました。それは、技術者と作曲家たちが熟考し、作品を作り出す時間を見出せる機関であり続けていますが、現在の手段は、私たちが一九七五年に手にしていたものとはまったく異なっています。情報科学技術は、わずかの期間にまったく驚異的に発展しました。誰がそれを予想できたでしょうか？　科学者ですら予想できなかったでしょう……　人々はつねに過去に基づきつつ未来を創造するのだと言ったのはプルーストだと思います。未来は、人々が享受している過去

（23）François Bayle（一九三二年〜　）、フランスのミュジック・コンクレート、電子音楽の作曲家。

や現在の描写との関連において想像されますが、未来はまったく異なるやり方で発展していきます。一九〇〇年に、或る地点から別の地点に行くために、ビルの天辺に括りつけられた飛行船網を利用することになると人々は想像していました。飛行船は存在していましたから、人々はそれが未来の交通機関だろうと考えていたのです。そして未来、それは飛行機でした。

アルシャンボー　今日の音楽生活をどのように判断されますか？

ブーレーズ　型にはまった思考がたくさんあり、想像力はわずかですね。それでも、幾つかの領域では、新たな打開策を想像するための奮闘が見られます。私を困惑させるのは、過去への逃避です。過剰な蔵書のもとで人々は息苦しい思いをしています。文明がもっぱら蔵書文明になるのは危険だと私は思います。

そのことはイヨネスコ(24)の戯曲『アメデ、あるいは如何にして厄介払いするか？』を私に思わせますが、そこでは蔵書がアパルトマン全体にあふれ、空間が徐々に切り詰められていくのです、過去に完全に圧倒されないようにすることが問題になります。過去の偶像視は衰えつつある文明の証です。というのもそうした文明はもはや自らの潜在力を信じず、今日のための解決法や活力は過去から来るのだと考えているからです。

アルシャンボー　あなたはバロック音楽のことを考えているのですか？

ブーレーズ　それだけではない……　真正であろうとするすべての試みは結局推測に基づいたものにすぎないのです。音楽においては、音響資料がない時期から、推測の中にいるわけです。そうしたことは恐らく、恐竜に関する古生物学でならうまくいきますが、音楽では駄目です。

アルシャンボー　現代音楽にはどのような未来があるのでしょう？

ブーレーズ　つねに新しい創造的芸術家はいるでしょうね。定期的に危機について語られますが、「危機」という言葉が何を意味しているかについて了解し合っておく必要があります。芸術において、危機は存在しないか、あるいはより正確には、物事を前進させるのは危機である以上、芸術を特徴づけるのはまさに危機なのです。芸術においても、飛行機においてと同様です。つまり、ジェットエンジンは空気抵抗に基づいていますが、作曲家たちは慣性に抵抗して創作する必要があります。そして創造のエネルギーを促すのは、まさに慣性です。結果的に生じるのは、物事が断続的に進展していき、達成された段階に応じて、人々は多少とも速やかに前進していくということです……

（24）本書四七頁、注（43）参照。

オペラ、舞踊そしてバレエ

アルシャンボー　ドラマトゥルギー〔劇作法〕と音楽とが共に成功しているとあなたが考えるのはどのオペラにおいてですか？

ブーレーズ　躊躇うことなく《ヴォツェック》においてです……　その作品では、文学的な素晴らしさと音楽的な素晴らしさの一致が存在しますが、それはオペラの歴史上極めて稀なことです。ゲオルク・ビュヒナー(1)の作品とベルクの音楽は非凡です。ベルクの《ルル》のテクストでさえ、《ヴォツェック》という絶頂には達していません。フランク・ヴェデキント(2)の作品はビュヒナーのそれと

(1) Georg Büchner（一八一三～一八三七年）、ドイツの革命家・劇作家・自然科学者。作品に『ダントンの死』、『ヴォイツェック』など。

同じ価値があり、私がドイツ語を十分究めていないから前者を正当な価値において捉えないのだと、アドルノはいつも私を説得しようとしました。私はそうは思いません。つまり、ビュヒナーのテクストは偉大な特例なのです。ムソルグスキーが《ボリス》のためにプーシキンのテクストから何を残したか、私は知りませんから、危険を冒してまでオペラ化の質を判断することはしませんが。《ヴォツェック》でのベルクの成功は、完全に書かれた作品ではなかった以上、彼がテクストの点で部分的に自由に振る舞えたということに恐らく起因しています。《ルル》の場合はそうではありませんでした。AからZまで完全に起草された素材を相手に仕事をしなければならなかったからです。《ヴォツェック》には宙ぶらりんのようなシーンがあり、ベルクはそれらを驚くほどいじっています。マリーの死を、彼女が自分の子供を持つ前に設定することはできないにせよ、この原作には作曲家にとって、他のオペラの台本には見出せない自由があります。彼には相対的な自由があった……　その代わり、ビュヒナーのオリジナルの幾つかのシーンをベルクは削除しましたが、残念に思えるものもありますね。私の考えているのは『ヴォイツェック』〔ビュヒナーの原作〕の最後ですが、そこでは警視が同僚に「ああ、我々は結構な訴訟に立ち会うことになるだろう」と言うのです。この言葉は、ベルクが採用した感傷的な最後よりもはるかにビュヒナーの精神に適ったものです。

モーツァルトにおいて、ダ・ポンテの台本はドラマトゥルギーの観点からはとても才覚に富んだものですが、優れたイタリア文学だと言うことはできません。ダ・ポンテはたしかに優れた演劇人でしたが、優れた物書きではありませんでした。ベートーヴェンにおいて、《フィデリオ》の音楽は上出来ですが、対話の部分は不十分です。シューベルトの幾つかのオペラの試みでは、台本がまるでぱっとしません。ヴァーグナーにおいては、ドラマトゥルギーがとても良く出来ていて、テクストには時として十分見事な部分もありますが、概して困惑するほど陳腐です。ヴァーグナーの文学的意図が彼の野望と同じレヴェルにあることは稀で、とりわけ中世風と称される言語の復元においてはそうです。私はその言語を格別素晴らしいとは思いません。シェーンベルクと彼の《モーゼとアロン》に関して言えば、作品のドラマトゥルギーはとても素晴らしく、また語るものと語れぬものの間のオペラのひじょうに重要な問題はとても奥の深いテーマですが、テクストが文学として並外れているとは言えません。

アルシャンボー　あなたによれば、ヴァーグナーのテクストにはいかなる文学的長所もないのですか？

ブーレーズ　ヴァーグナーにおいては、価値に差のある三つの要素があります。つまりテクストそれ自体、テクストのドラマトゥルギー、そして音楽です。テクストのドラマトゥルギーはヴァーグナーの音楽に見合っておらず、音楽はテクストを押し流してしまいます。テクストに長所がないわけ

（2）Frank Wedekind（一八六四〜一九一八年）、ドイツの劇作家。

ではありません。作家としてのヴァーグナーにあっては、驚くほど強い印象を与える言葉、文学的な語調が顔をのぞかせていると感じられる瞬間がありますからね。でもそうしたことを別とすれば、修辞法はわざと古風にされていて、とりわけ頭韻法を用いた詩句などはひどく古臭くなってしまっています。ただ単にテクストに依る、音楽を伴わない《指環》の上演など想像できないでしょう。奇妙なことに、彼の音楽には、古風なものへのこだわりは見出されません。とはいえ、ヴァーグナーのテクストは、その凡庸さにもかかわらず、本当のドラマトゥルギー的な威力を持っています。『神々の黄昏』は型にはまってはいても、大変な力強さを持っています。ヴァーグナーは時として自分のテクストを音楽化するよりもずっと前に書いていました。『神々の黄昏』は音楽化より二十五年前に起草され、台本はずっと前から印刷済みでした。そしてヴァーグナーが音楽を書いた時、彼は作品の最後以外、大して変更を施さなかったのです。音楽はひじょうに強力で、テクストは副次的でしかなかったので、音楽が残りすべてを決定していたほどです。帰結はひとまとまりで生じます。すべてを受け入れなければ、ヴァルハラは燃え上らなければ、ラインの水位は上昇しなければならない……〔作品の〕最後は音楽的にとても見事ですが、ドラマの上では、幾分〈デウス・エクス・マキナ〔機械仕掛けの神〕〉的[3]です。こうした観点から「総合芸術作品」は考察されて良いかもしれません。音楽が極めて強力で、それが残りすべてを包み込むのですから…… それは時代の関心事だったのです。つまり「総合芸術作品」にその当時火がついて、誰もが「総合芸術作品」を生み出そうとしたのです。

アルシャンボー　ヴァーグナーにおける舞台装置についてはどう考えますか？

ブーレーズ　舞台装置は一時的なものに属しています。ヴァーグナーは自作の初演時の舞台装置をまったく好いていませんでした。コジマの『日記』を読むと、彼が自作の初演後ほとんど抑うつ状態になっていることが認められます。それほど彼は舞台装置に不満で、それを過度に歴史的だと見なしています。まさにそうした際に、彼は「見えないオーケストラを創り出した後、私は見えない劇場を創り出したい！」と言ったのでしょう。

アルシャンボー　アルベール・ラヴィニャック(4)の書物『バイロイト詣で』をどのくらい信用していますか？

ブーレーズ　学術的な次元においても、諸々の主題の明細目録においてもきちんと書かれた本ですが、ナイーヴです。ラヴィニャック自身は、それでもパリ音楽院の教授で、自分が何について語っているかを知っていたのですから、それほどナイーヴではなかったと私は思います。彼は入門書を書こうと思ったわけで、そのうえ、それに成功しています。つまり、彼は、筋書きは何か、登場人物は

(3) ギリシア悲劇の大詰めで、筋と関係なく神が現れて紛糾した事態に結末をつけたことに由来。

(4) Albert Lavignac（一八四六～一九一六年）、フランスの音楽教育者・音楽学者。言及されている書物は一八九七年に刊行された。

何に呼応しているか、登場人物たちはいかなる音楽主題に関係づけられているかを教えてくれます……けれども、ひとたび彼の本を読むと、それはあたかもキロメートル標石を読み取ったようなもので、それでは展望は与えられなかった。

アルシャンボー　あなたはヴェルディの仕事をどう受けとめていますか？

ブーレーズ　何よりもまず、長い創作活動の見本です。この種の比較に意味がないことは承知していますが、ヴェルディがヴァーグナーと同じ一八一三年に生まれたことをどうしても考えずにはいられません。ヴェルディは、ヴァーグナーとは逆に、年が経つと共に私の関心をだんだん惹かなくなっていきました。《オテロ》〔初演一八八七年〕や《ファルスタッフ》〔初演一八九三年〕のような作品においてさえそうです。〔ヴァーグナーの〕《マイスタージンガー》は十九世紀の主要作品ですが、一方、《ファルスタッフ》はとても二次的な作品にとどまるでしょうね。そうは言っても、実際上の成長はあるわけで、《ファルスタッフ》は明らかに《群盗》〔初演一八五三年〕よりも、あるいは《椿姫》〔初演一八五三年〕よりもさえ、はるかに興味深い作品です。ヴェルディの問題は彼の音楽教育から来ているのかもしれません。彼は自分の内に素晴らしい潜在的能力を持っていたのですが、とても慎ましい環境の出なので、(5)彼の音楽教育は十分ではありませんでした。ヴァーグナーの方もまた成長していきました。《リエンツィ》〔初演一八四二年〕と《パルジファル》〔初演一八八二年〕あるいは《指環》〔全作初演一八七六年〕の間にはとてつもない相違があります。とはいえヴァーグナーはヴエルディよりも恵まれた環境の出身だったので、自分の音楽を次第に複雑化させることができたのです。ヴァーグナーは、ハイドン、モーツァルト、ベートーヴェン、そしてヴェーバーの音楽を知っていて、それらが彼の音楽教育〔形成〕における支柱でした。ヴェルディはロッシーニ〔一七九二～一八六八年〕とドニゼッティ〔一七九七～一八四八年〕を参照したのですが、彼らはドイツの巨匠たちに見合う人物ではありませんでした。ロッシーニはとてもエレガントに書きましたが、スタンダール(6)が何と考えようと、彼はモーツァルトに比肩する人物ではありませんでした。

アルシャンボー　私の理解するところでは、あなたにとって、十九世紀のイタリア・オペラは、ヴァーグナーのオペラには及ばないということになるのですか？

ブーレーズ　イタリア・オペラの音楽家たちの問題は、彼らの台本のまずい選択にありました。『椿姫』は文学的傑作からはほど遠い……　ファルスタッフという登場人物は、シェイクスピアの作品の幾つかに見出されますが、ヴェルディのオペラのファルスタッフより段違いに複雑で興味深いのです。

（5）今日ではヴェルディ自身が述べていたほど慎ましくはなく、中産階級出身だと見なされているが。
（6）Stendhal（本名Marie-Henri Beyle）（一七八三～一八四二年）、フランスの作家。『ロッシーニの生涯』（一八二四年）も書いた。

グノーやビゼーに比べて、ヴェルディは別格ですが、私にとって、ヴァーグナーはすべての人に、ベルリオーズにも勝っていますね。ベルリオーズは交響楽作品では素晴らしいのですが、彼のオペラは過去の修辞法に属しています。ヴァーグナーは、彼以後のベルクと比べてすら、オペラとはドラマであり連続性だということを理解した…… 彼はたんに、音楽を伴ったドラマトゥルギーを創り出したばかりでなく——それはオペラ一般に言えることです——、音楽の内部に真のドラマトゥルギーを創り出しました。それは彼だけが成し遂げた最も重要な足跡です。

アルシャンボー　ずっと前からあなたに訊ねたかったのですが、ドビュッシーの《ペレアス》の登場人物で、とりわけあなたが好む人物はいますか?

ブーレーズ　ゴローという人物です。彼の登場する場は非凡です。そこではドビュッシーは珍しく自分の感情を表しています。無意識的に私たちが考えるドビュッシーは、その官能性、私たちが彼に認める和音の組み合わせやあの心地よい響きによって魅惑する詩的なドビュッシーです。そうした音楽は彼にとってまったく自然ですし、彼の創作活動の大きな部分を成しています。ゴローの主要な四つの場面にまさに現れるドビュッシーのもっと暗い側面はそれほど知られていません。四つの場面とは、傷ついたゴローがメリザンドと共にいる第二幕第二場、[7] ゴローがイニョルドにメリザンドの動作を窓越しに見張るよう頼む第三幕第四場、彼がメリザンドの髪を引っ張る第四幕第二場、そして最後、死にかけているメリザンドがペレアスと一緒に自分を欺いたことで非難されるべきかどうかをあくまで知ろうとする第五幕です。それは強迫的な場面ですが、ドビュッシーにおいては極めて稀です。私は音楽家のそうした毒のある側面がとても好きですね。彼は自分の中にある種の荒々しさを持っていたのに、それを示そうとはせず、恐らく懸念していたのですが、その荒々しさは不自然なものではありませんでした。

アルシャンボー　ドビュッシーの音楽で、他にそうした荒々しさは見つかりますか？

ブーレーズ　ドビュッシーにおいて荒々しさは極めて稀です。それは、突然爪を立て、すぐにそれを引っ込める猫のように、時々顔を出すのです。たとえば、「西風の見たもの」〔《前奏曲》第一集、第七曲〕においてのように、荒々しさが巡り巡る楽曲も幾つかありますが、一般には認められませんね……ドビュッシーは間違いなく猫的な性格を持っていました……

アルシャンボー　モーリス・メテルラーンク(8)の作品をあなたはどのように評価していますか？

---

(7) 原文では第一幕第一場となっているが、誤記か言い間違い。たしかに第一幕第一場もゴローとメリザンドが初めて出会う場面ではあるが。

(8) Maurice Maeterlinck（一八六二〜一九四九年)、ベルギーの劇作家・詩人・著述家。『ペレアスとメリザンド』の他、主要作に『マレーヌ姫』『青い鳥』『アリアーヌと青髭』など。一九一一年ノーベル文学賞受賞。

ブーレーズ　それは随分批判されてきましたし、今日では時代遅れのように思われますが、同時代の音楽家たちにとっては確かな長所を持っていたと思うべきです。《ペレアスとメリザンド》がドビュッシーのオペラであることを忘れてはならないけれど、それはまたフォーレの付随音楽でもあり、シェーンベルクの大がかりな交響詩、シベリウスの付随音楽でもあるのです。さらにポール・デュカの《アリアーヌと青髭》を挙げることもできます。その台本はメテルランクの〔同題名〕戯曲に基づいて書かれています。ベーラ・バルトークの《青髭公の城》も、ハンガリーの作家ベーラ・バラージュによって書かれているとはいえ、私にはつねにメテルランクの戯曲を思い起こさせてきました。メテルランクにおいては、純粋な写実主義を避けた、多かれ少なかれ夢幻的象徴主義と言える演劇語彙があって、当時は、音楽家たちにとって重要な霊感源だったのです。さらに、ペーター・シュタイン[9]のような人はメテルランクの戯曲をけっして軽んじていません。

アルシャンボー　それでは、リヒャルト・シュトラウスの作品は?

ブーレーズ　シュトラウスにおいては、彼の幾つかの創作期を区別する必要があります。《サロメ》〔初演一九〇五年〕や《エレクトラ》〔初演一九〇九年〕のようなオペラは、語の最良の意味で、並外れた純然たる傑作です。その後、《ばらの騎士》〔初演一九一一年〕や《ナクソス島のアリアドネ》〔第一版一九一二年、第二版一九一六年〕と共に、一種の衰退が見られます。《ばらの騎士》はシュトラウスがくたびれ始めるのを示しています。ちょうど、並外れた時期を経験した後、アングルまがいのものを作り始めるピカソのように。その時代はピカソのアングル風時代と呼ばれています。
ストラヴィンスキーについても同様です。彼は《春の祭典》の後、《ミューズを率いるアポロン》を書きました。またベルリオーズも《幻想交響曲》や《ロメオとジュリエット》の後、《キリストの幼時》を書いたわけだし、さらにリストも《超絶技巧練習曲》や《ロ短調のピアノソナタ》を書いた後、晩年に小品を作曲しています。人々は冒険主義に集中したがり、そうした歩みの中に冒険主義はあるのですが、また衰弱の形もあるのです。

アルシャンボー　オッフェンバックの音楽についてどう考えますか？

ブーレーズ　良質の娯楽で、時代をよく反映していますね……

アルシャンボー　オペラにおけるオーケストラ指揮者の仕事をどのように規定されますか？　演出家との協力は一般に容易なことだと思われますか？

ブーレーズ　歌劇場では、演奏会でなら受け入れられないような条件が受け入れられていると思います。私をうんざりさせるのは、歌劇場のそうした一般的な機能の仕方です。音響的な制約が或る歌

(9) Peter Stein（一九三七年～　）、ドイツの演劇および音楽監督・演出家。一九九二年、ウェールズ国立歌劇場における《ペレアスとメリザンド》上演（ピエール・ブーレーズ指揮）で演出を担当した。

劇場であまりにも著しいと私に思われるのに応じて、舞台上演について考えることは同様に私にとってとても難しいと思われます。

ロルフ・リーバーマン(10)の時代に、パリのガルニエ宮で上演されたジョゼフ・ロージー(11)による《ボリス》の演出を思い出します。ロージーはより多くの演劇的効果を出すことを望み、オーケストラ・ピットを完全に覆い隠させました。それで歌手たちはもっと前に出て行けたのですが、音楽家たちは舞台の奥に追いやられていました。《ボリス》には多くの合唱があるので、歌手たちが歌い、動き回る際、合唱の声や歌手たちの舞台上の足踏みの方がオーケストラの音よりもずっと多く聞こえていました。

作品の演劇的側面がそのように一層敷衍されるのは興味深くないわけではありませんが、音響的には非常識なことです。歌劇場では、何をしてもよいわけではないのです。つまり、オーケストラはピットの中にいる必要があるか、そうでなければ、最小限、聞いてもらうために、音響的装置を然るべく位置づける必要があります。音響的な制約は存在し、それらの制約を尊重する他ありません。演奏会のために、金管楽器を前に、弦楽器を後方に配置することはありません。

私が興味を抱くのは、定式化されていない、舞台的・音響的空間を創り出すことです。幾分か、私が《レポン》でそうしたようにです。そこでは私がそうしたいと望んでいたものに応じて、配置をすべて変えました。まさに私が先に触れた音響的制約からして、歌劇場でそれは可能なのでしょうか？　私には分かりませんが……　私は、舞台、オーケストラピットと観客〔聴衆〕の間の型にはまった構図を変えたいのです。舞台とピットの関係は、オーケストラがそれ自体として姿を消すことが望まれているなら、有効ですが、たとえば、音楽家が舞台の袖にいる日本の文楽や能のように、音楽家と演芸の間に相互作用があるよう望まれている場合には有害です。私はまた、電子音響による変化が可能だったり、歌手たちが仮面をつけ、彼らの声が変化するようにもしたいですね……

私は新しいタイプの舞台構成を切望しているのですが、そうした変更を想像するのはとても困難です。あまりにもややこしければ、一回しか上演されず、再演されるとしてもツィンマーマン[12]の《兵士たち》のようになるでしょう。つまり、作曲家のテーマを裏切ってしまう極端に単純化された状況の中で上演されるに至るでしょう。

ペーター・シュタインやパトリス・シェロー[13]と仕事をした際、私はそうした舞台演出の問題についてじっくり考えてみました。私は、オペラ以外に、彼らの舞台演出の幾つかを見ました。シェロ

---

(10) Rolf Libermann（一九一〇～一九九九年）、スイス人の作曲家・音楽監督。ハンブルク（一九五九～七三年、一九八五～八八年）やパリ（一九七三～八〇年）の歌劇場総監督を務めた。
(11) Joseph Losey（一九〇九～一九八四年）米国人のヨーロッパで活躍した映画監督・演出家。
(12) Bernd Alois Zimmermann（一九一八～一九七〇年）、ドイツの作曲家。《兵士たち》の作曲は一九五八～六〇年、初演は一九六五年。
(13) 本書一〇一頁、注（13）参照。

ーがナンテールにいた時[14]、彼はイタリア式ホールとは異なるように観客席を配置したことがありました。『綿畑の孤独の中で』[15]という作品で、観客はエリザベス朝時代の円形劇場でのように席を占めていました。たとえ舞台装置がなくても、そうした異なる舞台空間は、作品が観客の面前で、舞台から一定の距離を保って上演される場合とはまったく異なる知覚を可能にしていました。私はハイナー・ミュラー[16]やジャン・ジュネとしばしば舞台演出について話し合いましたが、私たちの企てが成就したことはけっしてありませんでした。そのうえさらにオペラを作るという気にはならないと白状します……

アルシャンボー　声がそこでは大きな重要性を持つのでしょうか？

ブーレーズ　私の関心を惹きつけるのは、事態を没個性化〔匿名化〕するために、声を電子工学的に変形することです……　私が思い出すのは、ロンドンで観たピーター・ブルック[17]のヴェトナム戦争を巡る芝居で、とても政治性を帯び、『US〔合衆国〕』というタイトルがつけられていました。私が覚えているかぎり、第一部では、俳優たちの声は増幅されることなく、彼らは自分たちの台詞を普通に言うだけでした。それに反して、第二部になると、ブルックは彼らの声を増幅させ――ボブ・ウィルソン[18]も後年同じ事をしました――、いったん声が増幅され、俳優たちが舞台の上を動き回ると、どの声が（男性と女性の区別なく）誰のものなのか識別するのは極めて難しくなるのでした。声は舞台空間全体で匿名化されているので、もはや誰が何をどの瞬間に語っているのか分かりませんでした。

アルシャンボー 《四部作》のために、パトリス・シェローと共同作業をした際、演出家の仕事は、あなたの指揮の仕事にとって邪魔でしたか、それとも刺激になりましたか？

ブーレーズ 素晴らしい刺激でしたね。オペラでは、私は演出家に多くを期待します。演出家はオーケストラ指揮者以上に創意を発揮する可能性をたくさん持っているからです。指揮者はまったく明確なテクスト〔＝原典、楽譜〕に縛られています。ニュアンスをつけたり、ゆがめたり、調整したりすることはつねにできますが、それは極めて厳格な枠の中においてです。つまり、音符やテンポを変えたり、とてもゆっくりしたパッセージを急速なものにしたりするのは問題外です。そのパッセージを多少とも速めにあるいは多少とも遅めにすることはできても、元の楽譜が一貫性を保ち続ける限度の中でです。演出家は台本に対してははるかに多くの自由を持っています。歌手の動作や配置、相互のやり取り、舞台のヴィジョンにしても……　私が演出家に期待するのはそうした自由ですね。

(14) アマンディエ劇場の監督を務めていた。
(15) ベルナール＝マリ・コルテス（Bernard-Marie Koltès）の戯曲、一九八七年初演。
(16) Heiner Müller（一九二九～一九九五年）、東ドイツ出身の劇作家・詩人・劇場監督。
(17) Peter Brook（一九二五年～　）、英国人で、一九七〇年代以降フランスを本拠地に活動する演劇監督・映画製作者。
(18) Robert (Bob) Wilson（一九四一年～　）、米国の前衛的演出家・舞台監督・舞台デザイナー。

そうした創意が私にとっては刺激的だからです。とはいえ、一定の範囲内で、つまり、真の俳優のように自分の役柄を理解している歌手が、演技をせずに歌うだけに甘んじる演奏会の時とは違った仕方で自らのテクストを語る限りにおいてですが。私はそのことを《四部作》やペーター・シュタインの演出による《モーゼとアロン》で確認できました。(19) 私にとってひとつの啓示のようなものだったというわけではありません。舞台上演以前に、歌手たちが《モーゼとアロン》のアリアを歌う演奏会を指揮していましたから。けれども、歌手たちは、演出家と一緒に仕事をしなかったら獲得しなかっただろう演奏上の柔軟性を私にもたらしてくれました。

アルシャンボー　「柔軟性」ということばで、あなたは何を言おうとしているのですか？

ブーレーズ　音楽的テクストの流れにおける柔軟性です。つまり、或る歌手が一定の語で多少とも速めに進んだり、多少ともゆっくり立ち止まったりすることです……　そうした柔軟性は不可欠です。私が《ペレアス》で持てたような舞台経験はとても重要です。というのも、それは、指揮をしたり演奏解釈をしたりするための多くの情報をもたらしてくれるからです。

アルシャンボー　あなたはそれほど舞踊《ダンス》が好きではないということですが……　けれども振付師たちはあなたにとても委嘱したがっています。このダンスという芸術に対して、あなたはどのような立場を取っていらっしゃるのですか？

ブーレーズ　実を言えば、私にはダンスの素養がありません。ダンスの上演は見てきましたし、何が気に入り何が気に入らなかったか、技法を評価したかしなかったか、それが十分に発揮されていない、あるいは動きがシナリオと矛盾していると思うかどうかを言うことはできます……　けれども、毎回、私は個人的な意見を述べているのであって、決定的な判断を下すことはまずないでしょうね。或る振付師がいつの日か私の音楽を使うかもしれないということについて、音楽は書かれた時以降、それが自ら存続するがままにすべきだと私は考えていますから、それが何らかの用途で使われるのをけっして禁じはしないでしょう。もし誰かがそこに自分の霊感源を見出すなら、それは結構なことです。詩と私との関係も同様です。つまり、私が或るテクストを横取りする際、私はそれに何も押しつけず、テクストは音楽の外で自らの生命を継続していきます。私がシャールの詩に基づいて書いた音楽を気にかけることなく、誰しもシャールの詩を読むことができます。或る振付師が私の音楽を奪い取るとしても、私が彼の仕事を好まないことはあり得ますし、彼のようには物事を考えないなと思ったり、あまりにも矛盾しているとか、あまりにも余計だと考えたり、私の書いたものとの間に整合性があればと、私が立ち向かっている複雑性への探究があればと願ったりするかもしれません……　けれども、私は誰かの仕事を決して規制しはしないでしょう。

(19)　一九九五年ブーレーズがアムステルダムで《モーゼとアロン》を指揮した際の演出はペーター・シュタインによるものだった。

アルシャンボー　ベジャール[20]は、あなたが彼のために何かを書いたら、きっと幸せに思ったことでしょう……

ブーレーズ　ええ、でも今日、ダンスのために書くことに何の意味があるのでしょう？　大概、振付師たちには自由に使えるお抱えの作曲家たちがいて、彼らは、映画監督が映画音楽を活用するのとほぼ同様に、変更を加えて（mutatis mutandis）そうした音楽を使っています。たいてい、それ自体価値のない音楽だけれど。私は極めてレヴェルの高い振付師たちを知っていますが、その音楽はあきれるほどひどいもので、舞台上で生じることの方が、耳にするものよりもはるかに興味深いですね。それらの芸術家たちにおいて、そうした共同作業は個人的な関係から生じているのだと理解することはできても、私はバックグラウンドミュージック的な音楽に関心を持ちません。なぜ別の音楽ではなくその音楽なのでしょう？　私には音楽とスペクタクルの間の深い結びつきが感じられません。大した面白味のない注文品ですね。

アルシャンボー　音楽の名にふさわしい音楽が映画に存在し得るとあなたは思いますか？　未だかつて映画のために作曲を持ちかけられたことはないのですか？

ブーレーズ　一度あります。ジャン・ミトリ[21]が画像のモンタージュ、一種の『機械仕掛けのシンフォニー〔サンフォニー・メカニック〕』〔一九五五年〕――さらにそれは作品のタイトルでした――を、フェルナン・レジェ[22]の『バレエ・メカニック』〔一九二四年〕に幾らか似た手法で製作したのです。その音楽を作るよう頼まれたのですが、私は興味を抱きませんでした。正直に言って、何らかの価値があると私に思われる映画音楽は未だかつて耳にしたことがありません。サウンドエフェクトでしかありませんね。

映画界には、音楽に対する無教養があると思います。まったく違う世界ですね。今日では、その種の音楽に特化した音楽家たちがいます。昔、オネゲルやミヨーが映画音楽を書いていた頃、彼らは生計を維持するため以外にはけっしてそうしませんでした。

アルシャンボー　映画はお好きですか？

ブーレーズ　エイゼンシュタイン[23]のような偉大な古典的監督の作品は別として、私の生涯で強烈な印象をもたらした映画はわずかしかありません。映画の問題は、それがひとつの産業で、投資に見合った利益を上げなければならないということです……　もちろん例外はあり、パラジャーノフ[24]

(20) Maurice Béjart（一九二七～二〇〇七年）、フランスの舞踊家・振付師・オペラ監督。ブーレーズの《ル・マルトー・サン・メートル》や《二重の影の対話》をバレエ化している。
(21) Jean Mitry（一九〇七～一九八八年）、フランスの映画評論家・映画製作者。
(22) Fernand Léger（一八八一～一九九五年）、フランスの画家・彫刻家・映画製作者。言及されている作品は映画。
(23) Sergei Eisenstein（一八九八～一九四八年）、ソ連（ロシア）の映画監督・映画理論家。『戦艦ポチョムキン』（一九二五年）、『イワン雷帝』（一九四〇年）などで著名。

の『サヤト・ノヴァ〔後に再編集された。邦題『ざくろの色』〕』〔一九六八年〕やグラウベル・ローシャ[25]の『アントニオ・ダス・モルテス（*Antônio das Mortes*）』〔一九六九年〕のように素晴らしいと思った映画はあります。けれども、一般に、映画の世界は想像性に乏しいと思いますね。ゴダールの作品にせよ、他の人物のものにせよ……

アルシャンボー　ダンスの話に戻りましょう……　ストラヴィンスキーの主要なバレエは傑出した音楽でしょうか？

ブーレーズ　《祭典》、《ペトルーシュカ》、そして《結婚》は、実体そのものです。チャイコフスキーの音楽は首尾一貫して構築された音楽で、バレエというスペクタクルから独立して聴くことができます。相違すべてはそこにあるのです。というのも、それだけでは聴くことのできない音楽がありますから。

アルシャンボー　でも、なぜディアギレフにとってストラヴィンスキーがそうであったことが、ベジャールにとってはそうでなかったのですか？

ブーレーズ　ベジャールは私に作品を頼んだことはけっしてありませんでした。彼は音楽創造の依頼者ではありませんでした。彼の霊感源になっていたのは、すでに作られたスコアでした。彼は、ベルリオーズの音楽に基づいて、幾つも振付をしました。間違っているかもしれませんが、彼は誰にも音楽を頼んだことはないと思います。ピエール・アンリの[26]《ひとりの男のための交響曲》は、ベジャールがバレエ化する前にすでに作曲されていました。

アルシャンボー それでも、あなたにとって、ひとりの振付師との共同作業は可能でしょうか？

ブーレーズ それは純粋バレエ以上に演劇的実験（体験）でしょうね。ストラヴィンスキーの問題のひとつは、彼のバレエの梗概の凡庸さにあります。《祭典》、《ペトルーシュカ》、《結婚》――この最後に挙げた作品はもはや梗概ではなく結婚儀礼ですが――のような稀な例外を除いて、大部分はとてもひどいものです。ラヴェルの《ダフニスとクロエ》やドビュッシーの《遊戯》の梗概もひどくお粗末です。最良のバレエの梗概は、またしてもクローデルのもので、とりわけ『男とその欲望』[27]ですね。それに付随している音楽はその高みにはないけれど……　あるいはまた『女とその影』[28]でしょうか。そのうえ、今日、振付師たちはもはやバレエの梗概を使いませんね。

（24）Sergei Paradjanov（一九二四～一九九〇年）、グルジャ生まれ、ソ連の映画監督・脚本家・画家。
（25）Glauber Rocha（一九三九～一九八一年）、ブラジルの映画監督・俳優・脚本家。
（26）Pierre Henry（一九二七～二〇一七年）、フランスの作曲家。ミュジック・コンクレートのパイオニアと見なされている。
（27）一九一七年、ダリュス・ミヨーが作曲。
（28）アレクサンドル・チェレプニン（一八九九～一九七七年）によりバレエ音楽として作曲（一九四八年）。『面影』と

アルシャンボー　したがってあなたにとって、ダンスと音楽は、アルトー[29]が夢見たような「全体演劇」を実現しなかったということですか？

ブーレーズ　実現しなかったという印象を持ちます。振付師たちはお抱えの作曲家を自由に使うか、既存の音楽を取り上げるかですね……

題した能にもなっている。

(29) Antonin Artaud（一八九六〜一九四八年）、フランスの俳優・詩人・小説家・演劇家。

アルシャンボー　昔から、音楽家たちは作家たちから着想を与えられてきましたし、あなた自身、文学作品を音楽化してきましたね…… どのように作家たちはあなたに影響を与えるのでしょうか？

ブーレーズ　恐らくあなたを驚かせることになるでしょうが、必ずしも彼らの作品に影響されるというわけではありません。影響はたんに作品それ自体のレヴェルに、その芸術的な特質、シャールあるいはマラルメにおいてのような、その形式化のレヴェルに位置づけられるばかりか、創作行為のプロセスそのものにかかわることもあり得ます。一例を挙げましょう…… 私はプレイアド叢書の最新版『失われた時を求めて』[1]が提供している多数の草稿にとても感銘を受けました。それら草稿

（1） Marcel Proust, *À la recherche du temps perdu*, 4 vols, Paris, Gallimard (Bibliothèque de la Pléiade), 1987–1989.

のページをざっと検討すると、どのようにしてプルーストが幾つかの挿話や出来事の位置、またそれらの出来事に遭遇する人物を変えているかが分かります。彼にとって、出来事はそれ自体としてひとつの事柄です。つまり、プルーストは、自分が出来事をどの人物に割り当てることになるのか、必ずしも前もって分かっておらず、また事柄は年代順に繰り広げられません。

それは大いに私の興味を惹きつけたことで、というのも、私はかなりしばしばその種の状況に身を置くからです。私はそれをひとつの励ましと受けとめ、そのように行動するのは自分だけではないのだと思いました。或る人物に関するプルーストの挿話がそれ自体として私に影響を与えるのではなく、彼が位置している創造行為の全プロセスが影響を与えるのです。彼の作品の中で私を惹きつけるのは、たんに小説的側面、彼が語る物語ばかりではなく、とりわけ彼の増殖法です。プルーストは私にとって、ヴァーグナーと同等の人物で、それは彼らの作品に示導動機《ライトモティーフ》が効果的に使われているからです。眠りのモティーフは、『失われた時を求めて』の最初から最後まで繰り返し戻ってきますし、記憶や愛のモティーフは、ひとつのアーチ(2)のようにたびたび現れますし、他にも時折現れる、一層挿話的なものもあります。

さらに、フランスにおいて、プルーストは、ヴァーグナーについて最も的確に書いた人物だと私は思います。とりわけ「囚われの女」には、《トリスタン》の第三幕についてのページがあって、その第三幕への前奏曲や、羊飼いの〔奏でる〕調べで、どのように主題が拡大、変奏され、第一場全体を潤すに至るかが分析されています。(3)プルーストの記述はまったく並外れていて、ヴァーグナーがその幕を構築した方法についてのそのような素晴らしい直観をプルーストが持ち得たとすれば、それはまさにプルーストが同じモデルを適用していたからです。

アルシャンボー　その世代の作家では、プルーストだけですか？

ブーレーズ　私の選択は極端な態度を取ることなく、プルースト同様クローデルも好きです…… プルーストと並んではカフカやジョイスもいます。私に言わせれば、現代小説の三人の代表的人物です。彼らは異なる観点で各々重要です。それら三人の大人物に、それほど知られてはいませんが、ローベルト・ムージル(4)と私にはまったく創造を絶するように思われるフェルナンド・ペソア(5)を付け加えておきます。

（2）アーチあるいは、太陽プロミネンス（紅炎）でアーチ状のもの。

（3）Cf. "La Prisonnière", dans Marcel Proust, *Op.cit.*, vol. 3, p. 664-668 ; プルースト『失われた時を求めて10　囚われの女I』吉川一義訳、岩波文庫、二〇一六年、三五四〜三六三頁。第三幕についての叙述は、とりわけ、邦訳三六〇〜三六一頁に見出されるが、その前後の言及は、第三幕だけあるいは《トリスタン》だけに限定されたものでもない。だがブーレーズが評価するプルーストの記述は、前述のページにまたがるものだろう。

（4）Robert Musil（一八八〇〜一九四二年）、オーストリアの作家。

（5）Fernando Pessoa（一八八〇〜一九三五年）、ポルトガルの作家。

アルシャンボー　カフカの作品はあなたにとって何を意味したのですか？

ブーレーズ　私は戦争直後の一九四六年にカフカを発見しました。共産主義者たちがプラハにいた頃で、共産主義寄りの或る週刊誌が「カフカ〔の作品〕を燃やすべきか？」と題したアンケートをとりました。[6] というのもカフカはブルジョワで退廃的な作家と見なされていたからです。それで私は『審判』、『城』、そして彼の中篇小説を読み、その後しばらくしてから、『日記』、『ミレーナへの手紙』、『父への手紙』を読みました。それはそうとして、彼の作品のひとつから着想を得ようとしたことはけっしてありませんでした。カフカが素晴らしいのは、彼がとても単純な言語を基点に、特異で並外れた世界を創造するに至ることです。彼のドイツ語はとても簡素で、そして途方もなく複雑なのは彼の思考の方です。『日記』は草稿や叙述的断片も含んでいますが、幾つかの文章だけから成る、中篇小説の冒頭部分もあり、思考のプロセス全体がとても単純な文章と共に然るべく位置づけられていきます。彼の想像力は、自分がその種の創造行為の対極にいるという気持ちを持っているだけに、私をますます魅了します。

アルシャンボー　それで、もし、文学でご自分に対応する人物を見つけなければならないとしたら？

ブーレーズ　私はむしろジョイスを考えますね。ジョイスは、内容よりもはるかに重要な役割を果たしている語法の中で表現された、とても写実的な世界を創り出しています。結局のところ、カフカとは正反対です。ジョイスにおいては、語法の形式化がとても推し進められていて、『ユリシーズ』

――最初に私が読んだジョイスの作品です――は、私に大きな影響を及ぼしました。とりわけ、その都度ひとつの様式的観点を採用している章立てです。最後の大がかりな独白の章、[7] 問と答の章、英語の発展に関する章です[8]ね。私は進んでジョイスとベルクを、とりわけ『ユリシーズ』と《ヴォツェック》を、それらの内容からではなく、形式的探究から比較しますね。つまり、《ヴォツェック》では、或る場面はひとつの和音に基づき、別の或る場面はひとつのリズム、さらにまた別の場面はひとつの形式に基づいている、という具合になっています。そこには、まったく恐るべきであると同時に並外れた究極的形式化があります……

アルシャンボー　ジョイスは多数の現代作曲家たちの創作意欲を刺激してきましたね……

ブーレーズ　ジョイスの世界は、その言葉の豊かさのために、多くの作曲家たちを魅了してきましたが、それはまた英語の魅力があったからでもあります。アメリカは、その音楽、その映画や、アメリカが提供していた世界の表象によって、戦争中私たちが合衆国から隔絶されていただけに、ますます私たちの世代の人々を魅了しました[9]……

(6)『アクシオン（*Action*）』誌。アンケートにはミシェル・レリスらが応じた。
(7) 最後の句読点のない八つのパラグラフからなるモリーの独白の第十八章。
(8) 第十四章。昔から現代にいたる英語の文体の見本を提示。

アルシャンボー　けれどもベリオとは違って、あなたはジョイスの世界を音楽に移し換えることを未だかつてしてきませんでしたね？

ブーレーズ　ジョイスの作品を音楽化したいと思ったことは一度もありません。彼の作品は、ちょうどジュネの作品が私に一定の演劇概念を気づかせてくれたのと同様に、音楽概念の観点からモデルとして役立ちました。『フィネガンズ・ウェイク』で、ジョイスはひとつの言葉を別の言葉に接ぎ木し、言葉の内部で言葉遊びをしますが、同様の言葉遊びは音楽では不可能です。音楽は直接事物を表明しませんが、他方、言語は直接表明します。言語においては、言葉遊びをしたり、ひたすら突飛だということを気づかせるためだけに、突飛な文法的用法を用いたりできます。けれども、音楽では、意味に関わる遊びは全く不可能です。ですから、ジョイスの世界を忠実に置き換えるのは困難だと私は思います。けれども、ベリオは別の世界〔＝音楽の世界〕に置き換えるために〔ジョイスの〕テクストを採り上げていますから、つねに可能かもしれません。

アルシャンボー　ジャン・ジュネの演劇作品についてはどう考えますか？

ブーレーズ　私はジャン・ジュネの演劇作品がとても好きでした。奇妙なことに、ジュネの劇作品は私にクローデルのそれを最も思わせます——そしてそう言ったのは私ではない他の人たちなのですが。それら二人の作家には、注目すべき様式の楽しみや着想の豊かさがあります。私が観た最初の作品は、一九四九年、テアトル・デ・マテュランで上演された『死刑囚監視』でした。それは彼の二番目の戯曲で、サルトルの『出口なし』から大いにヒントを得ていました。次いで、テアトル・ド・リュテスで『黒んぼたち』を観たのですが、その時に、彼と知り合いました。それから『バルコン』、そしてとりわけ『屏風』がありました。二つとも並外れた作品です。

私は外国に出発する前、バローに『屏風』を絶対に上演すべきだと言ったのを思い出します。一九七七年、フランスに戻ってきてから、私は定期的にジュネに会いました。或る夏、私は彼にパトリス・シェローを引き合わせました。シェローは私が彼と知り合いだということを知っていて、また『屏風』を上演したがっていたのです。私たちは、当時ジュネと親交のあったポール・テヴナン[10]の家で昼食を共にしました。そしてシェローが『屏風』を舞台に掛けた時には、ジュネと随分頻繁に会いました。まさにその頃、私は一緒に演劇のために何かを作りたいと彼に言いました。でも、一九六〇年初めの『屏風』以降、演劇のためには書いていなかったので、どうすればよいのか彼には分かりませんでした。結局、一週間に一度か二度会って私たちの計画をじっくり考えようと、私は幾分強制的に提案しました。私たちはまた、演劇の機能や、演劇と音楽との関係について文通を

(9) 無論、ブーレーズはジョイスがアイルランド出身であることは承知しているはずで、ここでは英語から話がアメリカに逸れている。

(10) Paule Thévenin (一九一八～一九五五年)、フランスの編集者。『アントナン・アルトー全集』(ガリマール社) の編集者として著名。テヴナンについては、本書一八二～一八三頁をも参照されたい。

続けました。けれども彼が作成し、私がペーター・シュタインに見せた草稿は不十分でした。
私の方は、ＩＲＣＡＭの事業展開の真っただ中にいたし、彼の方は、モロッコやパレスティナで生活することが多くなっていたため、事はそれ以上進みませんでした。

アルシャンボー　結局、一種のすっぽかされた約束だったのですか？

ブーレーズ　ええ、そして未だ残念に思っています。彼は幾つかの場面やせりふを書いたのですが、満足していませんでした。物事があらゆる方向に逸れていって……　私たちが《ヴォツェック》について語り合ったので、彼は二十ばかりのとても形式化された場面を作ろうと考えていました。彼はまた別のアイデアも展開していたのですが、いずれも彼を納得させるには至りませんでした。ひとつの案に集中するのに苦労していました……

アルシャンボー　あなたはアントナン・アルトー(11)を知っていたし、彼を高く評価してきたと思うのですが？

ブーレーズ　私は一九四七年か一九四八年に彼が自分のテクストを読むのを目の当たりにしました……　どれほど彼のテクストが、良くも悪くも、彼がそれを読むやり方と切り離せないかを見てとるのはとても感動的でした。彼の詩に感銘を受けないことはあり得ても、彼の朗読は私たちの心を完全に捉えたものです。まったく驚くべき朗読の高まりによって、一種の生理的なものを彼は直接私たちに及ぼしていました。特徴的だったのは、突然表現が日常的語彙をはみ出して、さまざまな音素がわき出してくると、伝統的な手法で書かれた文章と反復的ないしはその内容からして単純に表現的な音素とが混じり合うことで、それらの音素に彼は叫びを加えていました。彼はアジアの芸能や、詩は単に書かれるのみならず語られるものでもあるという考えに影響されたのだと私は思います。

アルシャンボー　そうした演説的な威力が、彼のテクストに基づいて何かを作曲しようという考えをあなたに抱かせたことはありませんか？

ブーレーズ　或る時期、実際私はメキシコについての彼のテクストに基づいて作品を書こうと思いましたが、自分としては、どう切り抜ければよいか分かりませんでした。テクストはひじょうに多くの可能性を内蔵していて、もはや創案するものは何もなく、テクストに合わせる他なく、ですからそれを音楽に移し換えることは私にとっていかなる興味もそそりませんでした。その当時の私にはなかった一定の精神状態にある必要があったのでしょうね。

アルシャンボー　では彼の演劇作品は？

（11）本書一七二頁、注（29）参照。

ブーレーズ　アルトーが本当に演劇人だったかどうか、私は結局のところいぶかっています。一九三〇年代にシャルル・デュラン[12]のところで彼を知ったポール・テヴナンやバローの意見でも、アルトーの演劇的なアイデアは時として奇矯だったとのことです。実際、『チェンチ一族』を別とすれば、アルトーは舞台のために書きませんでした。『チェンチ一族』〔一九三五年〕は本当に、第二次大戦前アルトーが作り出したひとつの事件でした。その作品に基づいた音楽を書くという気持ちを私に奮い立たせたかもしれませんね。もっとも、『チェンチ一族』の上演に居合わせたピエール・スフチンスキーは、大成功ではなかったと私に言っていました……　アルトーには意志強固な側面と同時に、目的を達成するに至らない側面がありました。彼のテクストについて言えば、それはむしろ省察的テクスト、あるいは詩的テクストで、それ自体としては演劇的な衝動〔推進力〕を持っていません。

アルシャンボー　アントナン・アルトーの著述を刊行したポール・テヴナンとあなたは親交があったのですか？

ブーレーズ　ポール・テヴナンとは、アルトーという「環境」で知り合い、仲良くなりました。彼女がまだシャラントンに住んでいた頃は、定期的に会いに行き、私たちの関係はより親密になりました。私がドイツに去ると、彼女は時々、バーデン゠バーデンへ仕事をしに来ました。落ち着けたからでした。そして、彼女がアルトーの『全集』の幾つかの巻をまとめたのは、バーデン゠バーデンにおいてです。私たちは、一緒に議論したり、文学について話したりして素晴らしい時を過ごしました。彼女は私に多くの作家たちを紹介してくれました。一九五〇年代に私がミシェル・ビュトール[13]と出会ったのも、彼女を介してです。また私がジュネを実際に知ったのも彼女のおかげです。

アルシャンボー　そしてルイ＝ルネ・デ・フォレ[14]は？

ブーレーズ　彼とはそれほど長い間交際しませんでした。一九五八年以降は、もはやパリに住まなかったので、フランスの文学界や芸術界との繋がりは間遠になりました。私は「ドメーヌ・ミュジカル」の演奏会を指揮するためにしかパリに来ませんでしたから。

アルシャンボー　一九五三年、あなたはテアトル・ド・バビローヌでベケットを発見する……それはあなたをとても驚かせた作品でしたか？

ブーレーズ　『ゴドーを待ちながら』が初演された時、私はバローの一行とアメリカ合衆国を巡演中

(12) Charles Dullin（一八八五～一九四九年）、フランスの俳優・演出家。
(13) 一一三頁、注（1）参照。
(14) Louis-René des Forêts（一九一八～二〇〇〇年）、フランスの小説家・詩人。アルジェリア戦争に抗議する「一二一人のマニフェスト」（三九頁、注（26）参照）の署名者のひとり。

で、後になって出かけました。かつてバローのところで研修生だったジャン゠マリー・セローがテアトル・ド・バビローヌを引き継いでいて、『ゴドー』がロジェ・ブラン(15)の演出で初演されたのはそこででした。その作品は私に著しい衝撃を与えました。その晩、アルマン・ガッティ(16)と連れ立って行ったのを思い出します。会場には不審げな観客がいましたが、反感を抱いていたわけではなく、ただ驚いていたのです。私には本当にショックでした。

アルシャンボー　そうした反応はあなたを困惑させていたのでは？

ブーレーズ　いいえ。実際、私はもっとひどいのを見てきました。とりわけ、ロジェ・ブランがジュネの『屏風』を上演した際に。極めて横暴な反応がありました。上演をしばらくの間中断せざるを得ないほどでした。

アルシャンボー　あなたはベケットの作品をオペラのために自由に翻案しようと考えたことは一度もないのですか？

ブーレーズ　ジュネの演劇が視覚的な、そして場合によっては聴覚的な示唆に開かれているのと同じくらい、ベケットの演劇は他の何ものにも訴えかけません。それだけで十分で、私にはそれをどのようにして翻案すればよいのか分かりません。

マルセル・ミハロヴィチ(17)が『〔クラップの〕最後のテープ』に基づいた作品を書いた際、それは充実化でも弱体化でもなく、単に無用なものでした。私には、ベケットの作品に音楽が何をもたらせるか分かりません。完璧な外挿が必要な、極めて巧みな何かを想像すべきなのでしょう。私はそのような仕事に魅了されたことは未だかつてありません。

アルシャンボー　ベケットのテクストは自由を許さない……

ブーレーズ　それは彼にも起因していた……　彼は自分自身の演出だけを望んでいたのですが、作家というものは自分のテクストを手放すことを受け入れるべきだと私は思っています。さらに、作家は必ずしも自分のテクストを引き立たせるのに最も適切な位置にいるとは限らず、誰か他の人物の視点はつねに一層充実したものであるかもしれません。ただし、その点について、私は彼に代わって語れませんが……

アルシャンボー　あなたはどのようにして詩を音楽化するのですか？

(15) Roger Blin（一九〇四～一九八四年）、フランスの俳優・演出家。
(16) Armand Gatti（一九二四～二〇一七年）、フランスの劇作家・詩人・ジャーナリスト・映画製作者。ブーレーズとは特に一九四〇年代後半から五〇年代親しく付き合った。
(17) Marcel Mihalovici（一八九八～一九八五年）、ルーマニア出身、フランスの作曲家。

ブーレーズ　私の最初のアプローチは、まず、テクストが構成されている方法、そしてどのような等価な軌道が与えられるかに注目することです。おまけに、それは詩人にも拠ります。シャールの文が問題なら、形式に取りつかれても無駄です。けれどもマラルメ〔の作品〕を利用するなら、極めて厳格な形式主義と向き合うことになり、それがテクストを決定していて、それを知らずには済ませられません。ですから、意味や象徴を尊重しつつ等価なものを見つける必要があります。私が『レース編みの　カーテンの……』を音楽化した際、私を導いたのは「レース編み」と「鏡」(18)で、私はですからガラスのように響くアンサンブルと、レース編みのための装飾法を選びました。そうしたアイデアが、そのような楽器グループとその種の声楽書法を用いるよう私を仕向けたのです。文字通りではない以上、照応は明白ではありませんが、それは可能な選択ではあります。八音節だということを無視することはできませんが、八音節を認識不可能になるようなやり方で目立たなくさせたり、誰もが八という数字を認識するように区切ったりします。

アルシャンボー　マラルメの詩はあなたを大いに啓発しました……　どのようにしてそれを発見したのですか？

ブーレーズ　学業を終えた後になって、ようやくマラルメの創作活動を発見しました。中学では、彼の詩は、格別不可解で難解な詩の例としてしか引き合いに出されませんでした。当時は、マラルメというよりもシュリ・プリュドム(19)の方に私たちを向かわせようとしていたのです。ですからマラルメという詩人を知らず、私は偶然『デヴァガシオン』〔評論集〕と出会いました。

私はまず「散文詩」に驚嘆し、その後マラルメの詩を注意深く読み始めました。十九歳か二十歳でした。それ以降、私は彼の詩をよりよく知り、研究し始めました。『骰子一擲』は並外れた何かだと気づいたのを思い出します。そのような活字配置を伴った詩、斜めに文を読んでいける詩を見たのは、それが初めてでした。マラルメの『骰子一擲』という実験的な試みは、彼自身そう述べているように、まったく新しいやり方で設えられた詩における語や文の「星座」なのです。それは繰り返すことのできない試みだと思います。というのも、それは彼自身の思想にあくまで結びついているので、モデルとして使うことは不可能だからです。

アルシャンボー　それでもあなたは彼の詩を音楽化された……

ブーレーズ　私が興味を抱いたマラルメのソネは、私なら形式主義的と名づける探求に属しています。マラルメにおいて、言葉や思想が極めて厳格な構造の中で採り上げられているということが、そう

（18）鏡・鏡面（miroir）の語は詩には使われていない。ガラス窓（vitre）の記憶違いだろう。後でガラス（verre）の語が出てくるわけであるし。

（19）Sully Prudhomme（一八三九〜一九〇七年）、フランスの詩人・随筆家。当初は高踏派に属したが、次第に道徳的・思想的な作風の詩を書いた。一九〇一年、第一回ノーベル文学賞受賞。

した形式に対する音響的な等価物を、ひとつのソネというものに対する形式的対応物を見出したいという欲求を私に与えました。いわばマラルメを熱中させていたものの上を行きたいと思ったわけです。つまり、語の最良の意味での形式的探究、すなわち、形式が思考そのものであるような、あるいは思考がとても厳格な形式の中で表明されるような試みを狙ったのです。

アルシャンボー　具体的に、どのようにしたのですか？

ブーレーズ　音楽化において重要なのは、数、響き、そして形式です。マラルメは、実際、技法の形式性に専念していて、そうした形式性を考慮せずに彼の詩を変質させることはできません。様々な手段によって音楽化することができます。つまり、音楽において、私たちは事柄をシラビックに〔音節単位で〕述べることができます。その場合、各々の音符がひとつの音節に対応します。それでソネについては、詩句の音節数は八で、私たちはその数字を当てにすることができますから、その音節数は重要です。また、詩句の意味がメリスマ[20]の中に埋没する場合には、メリスマ的に述べることもできます。音楽、とりわけ独唱者のための声楽を特徴づけるのは、音節が一貫している場合には、テクストに近づき、反対の場合には、テクストから遠のく可能性があるということです……《プリ・スロン・プリ》で、私は、ですから、三曲の「即興」を最も単純なものから最も複雑なものへと漸進させながら、音楽形式のすべての手段を用いようとしました。第一曲は、詩節それ自体に直接働きかける一種の即興です。第二曲では、各々の詩節が声のひとつの形式タイプに対応するよう、前述した作業を洗練させました。より広がりを持った第三曲では、ひとつの詩句タイプがひとつの楽器編成タイプに対応しています。マラルメは、詩句に対して、先立つ世代の人々から彼に伝わった敬意を結びつけていたと私は思います。たとえば、ランボーは詩句に対するそうした敬意をまったく表明していませんでした。マラルメは、一定の伝統に、とりわけボードレールに非常な敬意を払っていました。ボードレールに対して、彼は終生多大な感嘆の念を持ち続けたのです。詩法に対する彼の関心は、それが課していた束縛から来ていたと私は思います。彼が韻文で書く時、彼はすべての詩句の音節的等価性や、脚韻の諸要求に徹底的に従わざるを得なかったので、名人芸を示したわけです。有名な『yxによるソネ〔「清らかなその爪は……」〕』で、脚韻はyxで、彼は困難さのための困難さを追求しました。神業ですね！　自由な詩句による『骰子一擲』は、また別ものです。ですから、形式面で、マラルメにおいて、彼が極めて厳格な領域と考えているものと、もっと柔軟性が許容される領域との間では大きな相違があります。

アルシャンボー　そして彼の演劇作品は？

ブーレーズ　マラルメには、一種の内面的舞台化があります。彼は自ら時代の演劇にふさわしい状況に巡り合わなかったけれど、演劇は詩についての彼の見方にとても重要な役割を果たしたように私

(20) ひとつの音節に複数の音符を割り当てる装飾的な様式。

は思います。

アルシャンボー　では、彼が「書物」と「アルバム」の間に設けていた区別についてはどうですか？

ブーレーズ　彼は「アルバム」と「書物」を区別していました。つまり、「アルバム」では物事は必ずしも所定の順序にはありません。他方、「書物」にはひとつの方針があります。ページをどのような連続で並べるにせよ、書かれたものより、音楽でやる方が容易です。音楽は直接的な意味を持たないけれど、書かれたもの〔著述〕では、方針なしでは済ませられませんし、語を何でも良い位置に置き換えることはできません。そのようなことをすると、モリエールの皮肉、「美しい侯爵夫人……」に陥ってしまいます。(21)

アルシャンボー　マラルメにおいて、あなたが好まないものは何かありますか？

ブーレーズ　時々、私が煩わしく思うのは、一種のプレシオジテ〔極度の洗練〕でしょうか……　でも同じ事が私に対して非難されるかもしれません。たとえば、私の「即興」第二曲は詩と比べてあまりにも魅力がありすぎると言われたことがあります。プレシオジテは彼のエリート主義的側面を暴露していますが、それはたんにマラルメがエリートに属そうと望むからではなく、彼がエリートであり、彼が次第に内に籠ったやり方で、彼自身の内に閉じこもった世界の中で考えるからです。

アルシャンボー あなたは同様にアンリ・ミショーの詩を音楽化しましたね？[22]

ブーレーズ 《力のための詩》を作曲しましたが、それはミショーの詩集のタイトルで、そこには「私は漕ぎ進む」と題した自由詩が収められています。この作品に関する私の問題は、私がそれを良いと思っていないことです。ミショーはとても音楽に関心を寄せていたので残念に思っています。もっと満足のいく何かを書きたかったのです。音楽は彼に多くのものをもたらし、彼を豊かにしていました。多分いつの日にか彼の作品に基づいたものを何か試みるでしょう。一度、彼は自分で作った打楽器の即興曲を聞かせて、どう思うかとたずねたことがありました。私は一種の即興みたいだと彼に答えつつ、それが彼の作品だということに気づきました。私の反応に彼が傷つかなかったことを願っています。それにその反応は格別否定的なものではなかったのですが。私はそれをあるがままに、確かな音楽的価値を伴わないある種の気晴らしと捉えたのでした。

アルシャンボー アンリ・ミショーの詩に基づいて創作した作品を良いと思わないとあなたは言っていますが……その作品で何があなたの気に入らないかを、もう少し説明してくれませんか？

---

(21) モリエールの『町人貴族』で語順により意味が変わってしまう例を列挙している部分への言及。モリエール『町人貴族』鈴木力衛訳、岩波文庫、一九五五年、三六～三七頁。
(22) 六九頁、注（8）参照。

ブーレーズ　私は詩の変質を、電子的な手段と楽器的手段を混ぜ合わせて実現したかったのです。ミショーの詩に取り組みつつ、私は通常の手段を拡大させる必要がどうしてもあると気づきました。たんに合唱や独唱者を用いるのではなく、声も使いたかった。ミシェル・ブーケがテクストを読み上げたのですが、私は自分の使えた電子的手段を用いてそれを変形しました。問題は恐らくそこから来ていて、詩自体からではありませんでした。

一九五八年当時、技術的手段はまだ割合原始的で、そのようなわけで、その試みは私に満足感を与えず、私は作品を引き出しにしまってしまいました。[23] とにかく、その詩は、ルネ・シャールの詩に対して行なった操作とは非常に異なる操作へと私を駆り立てたのです。

アルシャンボー　アンリ・ミショーとの関係はどのようなものだったのですか？

ブーレーズ　ミショーはとても防御の堅い、胸の内を明かさない人物でした。私は一九四九年以降、アルマン・ガッティと一緒に彼と会いました。彼は「ドメーヌ」の演奏会に来てくれましたし、私は時折シュザンヌ・テズナス宅で彼と夕食を共にしました。テズナス宅は彼が出かけた数少ない場所のひとつだったと思います。私が一九四九年にシュザンヌ・テズナス宅で催したジョン・ケージの最初の演奏会には彼もいました。一九五八年に《力のための詩》を作曲していた頃、とりわけ、ミシェル・ブーケが朗読する彼の詩の録音の際、私たちはよく会いました。その後、彼と再び会うことはとても稀でした。

アルシャンボー　ルネ・シャールに言及されていますが、どのようにして彼を知ったのですか？

ブーレーズ　私は偶然シャールのことを知ったのです。戦争直後のことですが、私は『フランス文学（*Les Lettres françaises*）』誌で彼の詩を読み、極めて衝撃的だと思いました。当時、彼の名前すら私は知りませんでした。実際、当時は、その雑誌に絶えずアラゴン、エリュアールやブルトンの署名は見出されても、彼の署名は稀にしかありませんでした。その後しばらくして、私はセーヌの河岸を散歩していて、『孤立して留まって』[24]の古本に彼の名を再び見つけましたが、私が彼と知り合ったのは一九四八年のことに過ぎません。彼の詩に基づいた私の仕事の口火を切ったのは、彼と知り合ったということではありません。その代わり、彼に出会ったことで、自分が極めて偉大な独創的芸術家を、また並外れた人物を相手にしているのだという気持ちは強まりました。そして私たちは素晴らしい個人的な関係を結びました。私たちは、《婚礼の顔》を作曲していた時期、一九四八年一月か二月頃出会い[25]、それから一九五六年までかなり定期的に会いました。それに私は、その一九五六

（23）初演時の録音がドナウエッシンゲン音楽祭のアニバーサリーＣＤセットに収録されている。"40 Jahre Donaueschinger Musiktage 1950–1990", AU-031800 CD. 二〇〇〇年には一枚版の再編集ＣＤとして発売された。Boulez, "Orchestral Works & Chamber Music", WWE 1CD 20509.

（24）初版一九四五年、ガリマール社。

（25）同作品の初稿は一九四六年から四七年にかけて書かれ、一九四七年に初演されているが、一九五一年から五二年にかけて試みられた第二稿に続き、最終稿は一九八九年に初演された。やはりシャールの詩に基づいた《水の太陽》の

年、ハンガリー動乱が起こった時に彼と一度パリで昼食を共にしたのを覚えています。その後、彼はいつもパリにいるわけではなく、幾分セザンヌのように、南仏のリル＝シュル＝ラ＝ソルグとパリの間を行き来していました。私はと言えば、外国にいて、一九七七年に私がフランスに戻ってきた時には、シャールはもはや全くパリで生活していなかったと思います。一度彼に会いにリル＝シュル＝ラ＝ソルグへ行ったのを思い出しますが……

アルシャンボー　シャールのテクストはあなたに一種の自由をもたらしたのですか？

ブーレーズ　まったく反対でしたね。シャールは私にひとつの制約を与えました。彼のような凝縮された語法においては、そうした凝縮を炸裂させる何かによってしか対応できませんでした。『婚礼の顔』は大文字での「逸話（Anecdote）」、叙述的な何かです。《ル・マルトー・サン・メートル》では、私はとても短い詩を採り上げ、それは音楽全体に影響を及ぼしますが、音楽から姿を消していきます。たとえば、注解《コマンテール》部分では、詩は現れず[26]、また最後の詩の重複《ドゥブル》部分では、詩は表明されますが、その後、もうおしまいです[27]。私にとって、まさに変更できたのは、たんに音楽における詩の位置で、というのもテクストはひじょうに凝縮されていて、引き延ばすか、凝縮するかはできるからです。音楽に対する詩の位置はそれで異なります。

アルシャンボー　彼はあなたの仕事を評価したのでしょうか？

ブーレーズ　私たちの個人的な関係は素晴らしいものでしたが、彼は私の音楽をそれほど理解していなかったし、実際に耳を傾けたことは一度もなかったと思います。[28]いずれにせよ、彼は一度も演奏会に来ませんでした。

アルシャンボー　今日、時を置いてみて、シャールのテクストに基づいてオペラを作るということはあり得るでしょうか？

ブーレーズ　彼の演劇的試みはそれほど説得力に富んではいませんし、彼には演劇的想像力はなかったように思われます。『水の太陽』や『クレール』[29]はいささか地域色の濃い作品にとどまり、彼の詩のレヴェルには達していません。彼の詩は次第に論証的ではなくなり、警句的になり、もはや、

初稿はシャールの放送劇の付随音楽（声と管弦楽）として一九四八年に書かれ、同年四月、フランス国営放送で放送初演されている（未出版）。後者の作品の方はシャールと知り合ってから依頼されたのだろう。

(26) 詩を歌う声を伴わず、楽器のみで演奏される。

(27) 前半部でアルト歌手がシュプレッヒシュティンメ（語るような声）とハミングの技法を交錯させつつ詩を歌うが、次第にハミングだけになり、歌詞を放棄、後半部ではフルートが声に取って代わってしまう。

(28) ブーレーズの《水の太陽》初稿は、注（25）でも述べたようにフランス国営放送で放送初演されているので、シャールがそれをラジオで聞いた可能性はあるのではないか。

(29) 一九四九年、野外劇のために創作された十場からなる劇作品。クレールは、劇の中心となる川を象徴する、雲と氷河の娘。

世を去るまで、『婚礼の顔』のように重要な詩は見出されません。警句的でなかったものは演劇に、多かれ少なかれ想像上の演劇に向かったという印象を私は持っています。私は彼のバレエの梗概にも自分のひらめきが働くものを見つけませんでした。

アルシャンボー　あなたにとって、ツェラン(30)の作品は何を意味していますか？

ブーレーズ　パウル・ツェランを私に発見させてくれたのはシャールです。ツェランはシャールの作品をドイツ語に訳していました。私は彼の詩に基づいて作品を書こうと考え、幾つかの詩を選びましたが、それより先には進みませんでした……

アルシャンボー　では、エズラ・パウンド(31)は？

ブーレーズ　一九五二年、初めてニューヨークに行った時、ケージを介して、エズラ・パウンドを発見しました。私はケージにマラルメとアルトーを紹介し、彼は私にエズラ・パウンドの『キャントーズ』を一冊贈ってくれました。私たちがとある本屋にいた時、彼は「これを読むべきだ……」と私に言いました。ケージは多くのことを私に発見させてくれ、そのことではつねに彼に感謝の念を抱いてきました。後になって、彼のハップニングにとりわけ興味を持ったとは私は言えないにしても、少なくともその点で感謝しているとは言えますね……

アルシャンボー　で、アメリカの詩人E・E・カミングス[32]の作品は？

ブーレーズ　カミングスを発見させてくれたのもケージです。彼はカミングスの詩集『七十三の詩』〔一九六三年。死後出版〕を贈ってくれました。同様に、彼は『否　結構』〔一九三五年出版〕と題された詩集も読むように言いました。それを読んだ時、明らかに即座に私を驚かせたのは、その活字配置でした。カミングスは、マラルメとアポリネールの中間にいますね。つまり、彼の印刷上の探究は、『骰子一擲』のそれより些末ですが、『カリグラム』のそれほど些末ではありません。彼において興味深いのは、彼が単語を相互に関係づけつつ浮き彫りにしていくやり方です。それは視覚的であると同時に説明的ですが、単なる説明よりも先に進んでいきます。それは語彙に没頭する説明なのです。

その後、ケージはジョイスの『フィネガンズ・ウェイク』も私に送ってくれ、また同様に十九世紀中頃のニューイングランドの詩人たちを紹介してくれました。本当に並外れた文学です。後年アメリカ合衆国に滞在した折に、私はカミングスの『全詩集』を一冊手に入れ、始動装置が働きました。つまり私は彼に興味を抱き始め、一九七〇年に《カミングスは詩人である》が生まれたわけで

(30) Paul Celan（一九二〇～一九七〇年）、ルーマニア生まれ、ドイツ系ユダヤ人の詩人。
(31) Ezra Pound（一八八五～一九七二年）、アメリカの詩人。
(32) E. E. Cummings (Edword Estlin Cummings)（一八九四～一九六二年）、アメリカの詩人・画家・随筆家。

す。

アルシャンボー　フランスには、一九六〇年から一九七〇年代、傑出した知識人たちがいて、あなたはその何人かと付き合いがありました。彼らについて話して下さいませんか？

ブーレーズ　私は、バルト、フーコーやドゥルーズと知り合いましたが、彼ら全員とよく付き合ったとは言えません。ＩＲＣＡＭの最初の年、私は現代音楽についての一週間にわたる非公式なセミナーをカンヌで企画し、彼らを招待しました。そのセミナーは〔パリで行なわれた〕公開討論会で終わったのですが、彼らの見解が突き合わされるのを眺めるのはとても興味深いことでした。バルトはとても慎重でしたが、巧妙で、現在よりも過去の方に向かう音楽的教養を持っていましたね。フーコーはとても理解があったけれど、自分は十分にプロではないと考えていた領域に身を投じることをあまり望んでいませんでした。哲学が話題だと、彼は自分の語彙に確信があったのですが、音楽が話題になるや否や、彼は自ら述べることについてあまり深入りはしたくないのが感じられました。コレージュ・ド・フランスに参加して欲しいと私に言ってきたのは彼でした……　私は自分からはそのようなことを決して考えたこともなかったのですが。私の考えでは、音楽一般、そしてとりわけ現代音楽に最も関心を抱いていたのはドゥルーズです。デリダに関しては、私はポール・テヴナンを介して彼と知り合いましたが、それほど頻繁には会いませんでした。

アルシャンボー　あなたは「ヌーヴォー・ロマン」という呼称でまとめられた作家たちに言及してこられましたが……　そうした創造的な動きと現代音楽との間に一致があったとお考えですか？　私はとりわけ、彼らの時間の扱い方を考えているのですが……

ブーレーズ　あったと思います。ビュトールの『心変わり（*La Modification*）』〔一九五七年刊〕では、時間が反映されているのが見て取れます。回帰を伴った叙述があり、諸々の回帰は次第に叙述に近いものになります。私が興味を覚えたのはそうしたことです。むろん、私は同じようにはやりません。各々の表現手段にはその規則がありますから。小説なら、後戻りすることは可能ですが、音楽作品では不可能です。時間の次元は同じではありません。演劇でもやはり違います。演劇は、空白部や圧縮された瞬間があるにせよ、ひとつの時点から別のひとつの時点に向かいます。『繻子の靴』〔一九二九刊の戯曲、初演は一九四三年〕の序文でクローデルが述べているように、演劇における時間は、アコーデオンのような、圧縮したり伸ばしたりできるものなのです……　小説では、私たちは後戻りできますが、音楽では、時間の経過に完全に囚われています。

アルシャンボー　「音楽の最初の素材は沈黙〔休止、休符、サイレンス〕である」というバルトの文章についてあなたはどう思いますか？

ブーレーズ　文学的発言ですね……　休止は、彫刻における空隙に少々似て、音楽においてとても重要ですが、その「最初の素材」ではありません。偉大な作曲家たちはつねに停止（arrêt）――それはたんなる休符ではなく、「フェルマータ〔延長記号〕」とも呼べるものです――を活用してきました。ベートーヴェンには、驚くべき休符や信じがたいようなリズム的断絶がありますが、私が「リズム的断絶」と言う場合、単にそう了解されることのみならず、急速に進行している何かが突然中断されるという意味での断絶をも考えています。そのタイプの楽句はモーツァルトにも同様にあります。ヴェーベルンにおいては、彼の音楽が極めて純化されていて、けっして沢山の音符を含まないのに応じて、休符は主要な役割を果たしています。ですから、休符は他の音楽家たちにおいて以上に重要な役割を担っています。それに反して、休符がラヴェルの音楽の最初の素材だと言うことはできません。私はバルトにとても好意を抱いていますが、彼のような定義は、深遠に思われるかもしれませんが、実際には、大したことを意味していません。

アルシャンボー　フランスの知識階級について、今日あなたはどう言われるでしょうか？　それはフランス社会の中でかつてと同じ影響力を持っているのでしょうか？

ブーレーズ　人々は、とても暇があり、多くの人々と出会った青春時代に対するノスタルジーをつねに抱くものです……　けれども私は過去を理想化するそうした傾向を警戒します。一九四〇年の戦争の後、私が属していた世代は創造のあらゆる部門で頭角を現しました。文学におけるビュトール、サロート、シモン、ロブ＝グリエ、演劇におけるジュネ、ベケット、音楽におけるマデルナ、ベリオ、ノーノ、リゲティ、そしてシュトックハウゼンなどです。(33)恐らくそれらの人々すべての間には、ひとつの思想的共同体があったでしょうが、それに反して、今日それを定義することに私は幾らか困難を覚えます。若い時には、自分の周囲で起こっていることを発見したく思い、後になると、むしろ自分自身を深く究める傾向があります。そして何か深く究めることがある場合、あちこちにあまり出向かなくなりがちです。そうした掘り下げは自省のかたちです。

アルシャンボー　あなたは現在のフランスの知的生活にも相変わらず関心を払っていますか？

ブーレーズ　ええ、でも出会いは一層稀になっていますね。齢と共に、残り時間が少なくなっているからです。昔は、一日中画廊めぐりをして、現代の創造に関して何が起こっているかを観察することがありました。私には時間があったし、時間を費やしたものですが、今ではもはやそうした時間はない……

アルシャンボー　あなたの創作活動を眺め渡すと、詩作品の音楽化の大半は一九五〇年代から一九六〇年代のものだということに気づきます。あなたはそうした方向を追求するのを放棄したの

(33) ベケットはアイルランド人だが、周知のように後年フランスに在住し、英語とフランス語で創作活動をした。他方、音楽関係で、ブーレーズは国境を越え、フランス人以外を列挙し、アルシャンボーの質問から逸れている。もっともそれらの作曲家はフランスでも活躍したが。

ですか？

ブーレーズ　当時、私には自己を表現するためにテクストがより必要でした。その後、そうした必要を感じなくなりましたが、また欲求はよみがえるかもしれません。マラルメに戻るとは思いませんが。マラルメは私の人生の一時期に対応していて、そこに戻るのは、着古した背広を再度着るようなことでしょう。そうした私の生涯の一時期に起こった対決には恐らく戻らないでしょうね。当時それはとても重要だったのですが、過ぎ去ったことです。とはいえ、改めて声楽作品を書きたいという気持ちが沸いたらとは願っています。今はそうではありませんが。

アルシャンボー　あなたの音楽について同様、あなたの文学的趣味は対照に基づいているようですが？

ブーレーズ　私たちが言及してきた名前は相互にかけ離れていますね。ルネ・シャールとジャン・ジュネには共通したものはほとんどありませんし、彼らが相互に評価し合っていたとさえ私は思いません。彼らの傾向を両立させようとするには、遠くから物事を考察する誰かひとりの証人が必要です。

同様に、ミショーとアルトーの間には、似通った点はほとんどありません。単にひとつの極めて強い内面的な世界を持っているということでは済みません。ミショーの内面的な世界は、彼が並外れた諸々の世界をも体験したにせよ、アルトーの激高とは何ら関係がありません。それは精神生活を考察する別の方法です。私はそうした対照がとても好きだった……　私はまた言語についての極めて強固な考え方、言語をとても個性的に用いる考え方をしている人々にも惹かれました。そのように、一方でマラルメを、他方でジョイスを、あるいは別のタイプにおいてだけれど、カミングスを考えるわけですが、彼らは日常言語を基点に自分の言語を創り出しています。そういうわけで、マラルメの文はどうあっても彼の文です。単に彼の語彙がとても両義的なばかりではなく、彼は自分独自の構文法を創り出すに至るのです。

私はまた並外れて洗練された側面同様、自然のままの〔生の〕側面にもとても惹きつけられてきました。絵画でも同様です。私はクレーのような画家に感嘆しますが、ポロックのような画家の作品にも反応せずには見られません。クレーとはまったく正反対だと思うからです。クレーには、物事を見事に計算するところがありますが、他方、ポロックには自然発生的な動作があります。私は二人の間で迷いますね……

音楽と絵画

アルシャンボー　あなたは、音楽と絵画の関係について大いに省察されてきましたね。音楽と文学という、もっと伝統的な関係ほどは予期されていないテーマですが……　そうした省察はどういったものなのか、今日それはどうなっているか、またそれはあなたの仕事に何をもたらしたのかを語って下さいますか？

ブーレーズ　主として私は、一九一〇年代初めのカンディンスキーの大きな抽象画や、パウル・クレーの作品を通じて絵画と音楽との諸関係についてあれこれ考えてきました……　キュービストたちも一種の急進主義や重要な想像力を示しましたが、その後息切れしてしまいました。彼らの絵画が達成した頂点は、再度見出されなかったのです。始まりがひじょうに素晴らしい場合、それ以上うまくやるのは困難で、後戻りを余儀なくされます。

クレーは前進することをけっしてやめなかった人物です。彼は私にとってひじょうに重要でした。彼の絵は、私がそれをアヴィニョンで発見した際、私に衝撃を与えたのですが、同様に、また恐らくそれ以上に、絵画についての彼の省察、とりわけカールハインツ・シュトックハウゼンが私に勧めてくれた『創造的思考』(1)と題された彼の著作を通じて、そうした省察に感銘を受けたのです。多分あなたは、バーゼルで、フランシス・ベーコンと一緒に、パウル・クレーについて私たちが交わした会話を覚えていますね？ ベーコンが好きでなかった絵で、私は、クレーの作品に存在しているだろう反省的なものをベーコンが感じ取らなかったのに驚きました。

アルシャンボー　彼らのレジスターは全く違っていたのですね。でもパウル・クレーとフランシス・ベーコンは二人とも背景とモティーフの関係を重要視していました……

ブーレーズ　ええ、けれども正反対の仕方で。彼らは自分が行なうそうした分散の用法において独特です。そのうえ、そうした関係は、絵画においてと同様に音楽においてもとても重要だと思います。知覚は少なくとも二つのプランで確立されるべきで、ひとつのプランしかなく、思考が一方的である場合、知覚は、躊躇が存在しないので、はるかに興味に乏しいものになります。私が素早く眺め、私を分裂させない絵画がありますが、私は自分を分裂させてくれ、私自身の知覚と戯れさせてくれる絵画が好きです。

アルシャンボー　クレーに関する著作[2]の最後で、あなたはまさに、クレーが下塗りを準備し、背景を推敲するのに払った配慮に言及しています……

ブーレーズ　クレーはひとつの下塗りの準備に数週間かけることもありました。彼は幾度も重ね塗りをし、乾くのを待ち、手直しをし、そのようにして新しい下地を獲得し、それを改めて手直しし、以下同様……といった具合でした。彼の作業で私が重要だと思うのは、それが指向性を持っていないということ、つまりその下地を眺めても、どうとらえればよいか分からないことです。それを眺める数限りない方法があり、視線は不安定になります。

アルシャンボー　多くの絵画に存在する雲や衣服の襞を推敲する作業も同じ種類のものですね……

ブーレーズ　雲が画面の半分近くを占める大きな海景画を眺める際も同様だと言えます。つまり、画面の下の方に描かれているエピソード的なものとはとても異なる知覚を持つわけです。けれどもそ

（1）ここではドイツ語原著 *Das bildnerische Denken* (Basel, Benno Schwabe & Co, 1956) ではなく、フランス語訳版 *La Pensée créatrice* (traduction par Sylvie Girard, Paris, Dessain et Tolra, 1980) の題名をブーレーズは用いている。邦訳題名は『造形思考』（上下巻、土方定一・菊森英夫・坂崎乙郎共訳、ちくま学芸文庫、二〇一六年／初版は新潮社、一九七三年）。

（2）Pierre Boulez, *Le pays fertile Paul Klee*, texte préparé et présenté par Paule Thévenin, Paris, Gallimard, 1989, 2e édition :2008.（ピエール・ブーレーズ／ポール・テヴナン編『クレーの絵と音楽』笠羽映子訳、筑摩書房、一九九四年）

の場合――そして似たような指摘は雲や襞についても可能ですが――、私たちがそのように知覚する二つの水平的な次元は、一方が他方の上にあり、クレーの絵においてのように、一方が他方の背後にあるわけではありません。絵画はしばしば知覚のそうした分割に訴えかけます。クレーの下地において興味深く思われるのは、ひとつの静的で不定形な、つまり読み取りの方向性のない知覚しか持てないことで、読み取りは観る人に委ねられています。そうした関係は能動的です。眺める人がその下地の読み取りを決定するからです。そして下地は、静的で方向性を持たないので、まさにひとつの下地なのです。

アルシャンボー　でもクレーの絵はその下地に還元されるわけではありませんね？

ブーレーズ　下地にのみ基づく絵は私たちを刺激できるようなものを何ら生み出しません。その場合、一種のアドリブ的読み取りしか存在しないわけですから。下地とは別に、黒々とした、あるいは素材に象嵌細工を施したような線が何本かあり、それらはとても明確な読み取りを要求し、読み手の役割を副次的なものにします。そしてまさにそこでこそ、画家が自らのヴィジョンを認めさせるのです。私が興味深いと思うのは、そうした読み取りの重ね合わせです。一方で、見る人は能動的であり、他方では多かれ少なかれ受動的です。受動的な次元では、読み取りが一義的になりますから、刺激はかなり限定的です。その代わり、二つの次元がある際には、二重になった読み取りがあり、すべての興味はそこにあります。

アルシャンボー　パウル・クレーの絵画はあなたの音楽に直接的な影響を及ぼしたと言えるのでしょうか？

ブーレーズ　いいえ、私がクレーの或る絵画を基点にひとつの作品を書いたという意味では言えませんね。私はそこにただちにひとつの着想源を見て取りましたが、直接的なものではありませんでした。たとえば、私は、自作の《ストリュクチュール》第一巻のために『肥沃な国の境界で』という彼の題名を採用するのを退けました。〔クレーの〕題名はその楽曲にとてもぴったりと合っていたので、当初そうすべきかと思ったのですが、その後、その楽曲を書いた後で私はクレーの絵を発見したのに、人々は私がその絵に基づいて曲を書いたと考えることを危惧したのです。

アルシャンボー　クレーがあなたの音楽に直接的な影響を及ぼさなかったとしても、彼がバウハウスでの授業で提案した練習課題はそれでもあなたを啓発したのでしょうか？

ブーレーズ　バウハウスでの彼の講義は私にとって限りない省察のテーマを成しています。私が生活した場所のどこでも、私はつねに、その国の言語で彼の『現代芸術理論[3]（*Théorie de l'art moderne*）』を一冊所持してきました。私はいつも、彼がとりわけ空間や時間や、絵の表面に関連した下地の準備

（3）ガリマール社から刊行されているクレーの芸術論をすべて集めた本。『造形思考』などの他、日本では全部まとめたものはない。

について述べていることに非常に興味を抱いてきました…… クレーの教えは私にとってまったく並外れた利益を持つものだったのですが、恐らく彼がもっとも些細な現象まで観察して、始終確認する術を知っていた人物だったからでしょう。必要なすべての用心を払いつつ、彼の教えは音楽の世界に移し換えることができます。音楽では、たとえば、単純な旋律線に基づいた装飾や変奏について語られます。つまり、その旋律線の周囲をめぐり、それを豊かにしていく諸要素が演繹されていきます。装飾は、バロック音楽の特徴のひとつでした。あらゆる文明において、人々は旋律線を、単純あるいは複雑な幾つかのレヴェルで、一緒に歌ったり、交響楽の中で演奏しながら、次第に装飾していきました。音楽家である場合、私たちは何よりも音楽の例について考えます。つまり、カントゥス・フィルムス〔定旋律〕はポリフォニー〔多声楽〕を生み、中央アフリカの諸文明やバリ島におけるような、ヨーロッパ以外の諸文明におけるヘテロフォニーは、同じ旋律線の幾つかの様相の重ね合わせによって特徴づけられています。

とても明確な比較点はつねに、私なら「伝統的文献」と呼ぶであろうような文献、音楽的な座標を持っている極めて精密な口承文献から採り上げられます。もし、装飾に関する省察をより押し進め、音楽家の専門化された言語から抜け出そうとするなら、パウル・クレー自身が、そのうえ音楽に関連させながらそうしているのですが、彼の生徒たちに言っているように、従属する線と関係した主要線が問題だと仮定して、その従属線と主要線との諸関係を解明する必要があります。

アルシャンボー　うわべはとても複雑な事柄のとても単純な分析ですね！

ブーレーズ　クレーは極めて単純な比較を援用する能力を持っていました。装飾を説明するために、彼は、あなたなら陳腐だと判断しかねないけれど、とても内容豊かなイメージを連想させました。「諸君は日常生活の中で必ずやそうした変奏の現象を観察してきただろう。若い犬を散歩させている老人を眺めてみたまえ。老人はほぼまっすぐの方向へ進んでいくのに対して、若い犬の方は、絶えず主人の方へと戻りつつ、あちこちに行くだろう。それこそ、変奏、変奏生命における現象そのものだ。」このとても単純な例を用いて、彼はもっとも日常的な現象を創造的精神の中で眺めることを私たちに教えてくれるのです。クレーの偉大な能力は、自然をまったく瞑想的に──彼は同様に詩的な才能にも恵まれていたにせよ──眺めるのではなく、彼が目にしているものを分析することでした。彼は自然のそうした単純で詩的なうわべをはるかに越えて眺め、そこに生き生きとした力や自然が作用する方法を観察していました。とても単純な観察から出発して、クレーは結論の増殖を引き出すことができたのです。

そうした単純性が私たちに与える他の教えは、それに由来する練習課題は絵画にも、音楽にも、また他のあらゆる芸術にも適用できるということです。『造形思考』(4)における水車を動かす水の落下の実験にせよ、群衆に向かう演説家のそれ──彼が矢によって象徴する二つの画像──にせよ、

（4）ここでは、ブーレーズはドイツ語原著の題名をそのまま使っている。

クレーの作業は毎回自分の想像力を介入させ、自分の創造力、眼前で起こっていることすべてに関連する識別力および観察力を豊かにしています。

アルシャンボー　そのような試みは今日ほとんど尊重されていませんし、そうした厳格さや単純性はむしろ着想を枯渇させるおそれがあると考えられているのでは……

ブーレーズ　クレーは自分の生徒たちに、取っつきにくいと思われるような技法的な練習課題を提案していました。「ひとつの円と一本の直線に基づいて何かを作ってみたまえ」というものです。一見したところ、それは多くの想像力を要求するとは言えません……　けれども、この練習課題には、まさに構成の作業そのものが存在しています。円を直線の上においても、ひとつの構成は作られず、変わらないままにとどまるふたつの特徴が重ね合わせられるだけです。その代わり、それらの特徴が変わるように関係づけるなら、ひとつの構成が作られ始めます。さらに、その練習課題に基づいて、クレーは素晴らしい水彩画『観相学的稲妻』を製作しましたが、それはひとつの顔を横断する稲妻を表しています。そうした結果を獲得するために、クレーはこの単純な練習課題から出発したのです。

アルシャンボー　その種の訓練は音楽においても有効なのでしょうか？

ブーレーズ　円と直線に関するクレーの練習課題には、ドイツ音楽における対応物が見出されるでしょう。練習課題の効果は、とりわけ音楽においては、拒絶すべきではない何かだと私は思います。すでに述べたように、創造する際、私たちは自分自身の記憶に当たるので、自発的独創と思うものは、往々にして無意識的借用なのです。自分自身の記憶から解放され、自分の創造力を一新させるためには、円と直線の練習課題のようなタイプの練習課題以上にラディカルな練習課題はありません。もしあなたがひとつの問題を切り離して考えようとし、単純さによって、何か重要なことを見出せるだろうと考えるなら、まさにその時、あなたは何かを成し遂げていたことになるでしょう。というのもあなたが或る作品を書く際に目指す傾向から解放されているわけですから。あなたは問題をより客観的に分析し、他の方法では発見しなかったであろうものを見つけることになるでしょう。技法的な問題はあなた自身について省察し、あなた自身の分析を行なうことを強います。その時、ひとたびあなたが自分を深く掘り下げ、ひとつの解決を見出すなら、その解決は、写真の現像液にも似た感性の現像液とでも言えるものの作用により、あなたが単にあなたの記憶を頼りにしていたならけっして見出せなかった、あなた自身の一側面を明らかにします。ですから私は練習課題を称賛しますが、それは不毛な練習課題の称賛ではなく、あなたが途中で作品から外れて行える練習課題を称賛するのであって、その練習課題は、もしあなたが作品の一般性においてしか問題を考察しなかった場合よりもはるかに強力にその作品にあなたを立ち戻らせてくれます。クレーがとても見事に私に教えてくれたのはそうした意味においてです。

アルシャンボー　クレーの講義は絵画から音楽に移し換えられるとあなたは数回にわたって言われましたね。練習課題はさておき、それらをどのように移し換えられるとあなたは考えますか？

ブーレーズ　とりわけ、クレーが絵画における空間について語っていることは音楽における時間に移し換えることができます。彼の構造の見方も同じようにとても興味深いものです。つまり、厳格な形式から出発してそれを増殖させることや、とても単純なものから彼が引き出せる演繹です。二つの世界は各々の特殊性を持っているので、それらの関係は構造的な性質のものでしかあり得ません。

アルシャンボー　バウハウスはあなたにとってどのような重要性を持ったのでしょうか？

ブーレーズ　カンディンスキーとクレーが同じ時期に参加していたことは、私にとってとても重要だと思われました。バウハウスにはぜひともすべてを再考しようとする意志があった。つまり造形芸術ばかりか、活版印刷術、舞台芸術、建築……　それは全般的な学校で、そのために、バウハウス、「組み立てられた作品の家(5)(la maison de l'œuvre bâtie)」と名付けられていたのです。プロジェクトの願望をとてもよく示していた名称です。その機関を人々は結局絵画アカデミーにしてしまいましたが、それよりはるかに野心的だったのです。様々な表現手段について同時に熟考したいという願望がありました。バウハウスは芸術生活ばかりか日常生活にも影響を与えたのです……

アルシャンボー　バウハウスのような学校が未だかつて音楽のために存在したことがないのはどうし

てだとあなたは考えますか？

ブーレーズ　当初、バウハウスの教育に音楽を加えようという意向はあり、教師としてシェーンベルクを雇用しようとしました。けれども或る誤解のためにそうならなかった……　シェーンベルクはかなり不平の多い人物で、来ようとしませんでしたが、カンディンスキーを介して、バウハウスという環境とはずっと繋がっていました。一九一〇年代、シェーンベルクはすでに教師として、また作曲家として「青騎士」(6)という冒険的企てに参加していました。ベルクやヴェーベルンはそこで教えはしませんでしたが、作品を提供しました。〔新〕ヴィーン楽派がバウハウスと張り合わなかったことは確かです。彼ら〔ベルクとヴェーベルン〕はヴィーンの音楽生活に深く関わり、どちらもアカデミー〔的組織〕に職を持つことはありませんでした。(7)

アルシャンボー　絵画のもうひとつ別の次元で、私があなたにお聞きしたいのは身振り（geste）です。そこでもまた絵画と音楽の間で比較できると私には思われますが……

(5) ドイツ語のBauhausは建築・構造・構成（Bau）と家（Haus）から成る造語。

(6)「青騎士（Der Blaue Reiter）」は一九一一年カンディンスキーやF・マルクらによりミュンヘンを中心に展開された芸術運動で、一九一二年には年刊誌『青騎士』も刊行された。

(7) シェーンベルクは一九二五年、ベルリン芸術アカデミーの作曲のマスター・クラスの科長に任命されたが、反ユダヤ主義の高まる中、一九三三年にはナチにより追放されるに至ったことは周知の通り。

ブーレーズ　私にとって、ピカソは身振り的（gestuel）な画家[8]の典型です。カンディンスキーは自分の創造のヒエラルキーの中では身振り的であり得たかもしれませんし、ピカソは大いに反省を経ることもあったけれど、恐らく齢を重ねるにつれてはるかに身振り的になっていきました。

私には、純粋な身振りというものは信じられません。身振りと組織されたものとの間にはつねに葛藤があると思います。身振りはとても速やかにその限界に達してしまい、もし身振りだけにしがみつくなら、大袈裟な身振りになるだけです。何が生じたかはすぐに分かります。なぜなら身振りは単に外面的な意図を持ち、奥深い内容を持たないからです。今日の何人かの画家において私を困惑させるのはまさにそのことで、彼らの身振りはあまりにも速やかに暴露されてしまいます。いかなる作品にもつねに身振りは存在しますし、もし身振りがなければ、抽象的な思索が残るだけで、それが未達成な何かを生み出すことになります。

アルシャンボー　あなたの目から見て、ピカソが絵画で実現したことを実現した音楽家はいますか？ピカソには絶えざる変革が認められますが……

ブーレーズ　ピカソは一九二〇年から二五年にかけての年代まで、とても創意に富んでいました。そしてその後は、多かれ少なかれ自分自身のカタログを拾い読みしたのです。つねに形式の才や、実に並外れた絵画『ゲルニカ』のような精華を伴ってではありましたが。ピカソにはつねに絶妙な手業がありますが、省察は次第に姿を消し、画家が齢を取れば取るほど、無意識的〔機械的〕な身振りが創造性に勝っていきます。クルーゾー[9]の『ミステリアス・ピカソ――天才の秘密』でそのことが認められると思いますね…… ピカソは虚無へ向かう名人のようになっていった。

アルシャンボー ではストラヴィンスキーは？

ブーレーズ ストラヴィンスキーはもっと慎重だったと私には思われます。彼の新古典主義の作品の幾つかはより熟慮されています。結果が一層優れていたとは言いませんが、《詩篇交響曲》は《ミューズを率いるアポロン》より成功していますし、後者は《放蕩児の遍歴》ほど貧弱ではありません。昔の言い回しのように、「苦労の跡が感じられる」……

アルシャンボー あなたがクレーの作品に抱かれている関心は別として、あなたはまた、生涯を通じて、造形芸術家たちと緊密な関係を維持してきました。たとえば、ジャン・ティングリー[10]……

ブーレーズ ティングリーとは、かなり後になって、パウルおよびマヤ・ザッハー夫妻を介して知り

(8) ちなみに、アクション・ペインティングはフランス語で peinture gestuelle。
(9) Henri-Georges Clouzot（一九〇七～一九七七年）、フランスの映画監督・シナリオライター、プロデューサー。『ミステリアス・ピカソ』は一九五六年製作のドキュメンタリー。
(10) Jean Tinguely（一九二五～一九九一年）、スイスのキネティック・アートの作家。

合いました。ティングリーはバーゼルで噴水池を製作することになっていて、彼はそこに音楽を加えたがっていた――彼はすでに別の機会にそうしていたのですが、説得力に乏しいものでした――ので、私はストラヴィンスキー広場の噴水池〔「自動人形の噴水」とも呼ばれる〕となったものの製作を提案しました。私は彼の奇抜な側面が好きでした…… 私はまったくその種の気質を持っていないとしてもですが、まさに私は他人におけるそうした私にはない気質を尊重するのです。アルコールについても幾らか同じことです。私は、どうしてジャクソン・ポロックがあんなに酒を飲んで仕事ができるのかといつも疑問に思ってきました。フランシス・ベーコンもそうですね。アルコールに耐える体力を持ち、仕事を続けることができる…… そうしたことはいつも驚きの種で、私にとっては感嘆の種ですらありました。

アルシャンボー　芸術家の精神的な弱さはその人物の作品に影響を及ぼし得ると考えますか？

ブーレーズ　もちろんですが、創造の仕事はその弱さを超越することを可能にします。ヴァーグナーは恐らく作曲家の中でもっとも躁鬱気質の人物でしたが、彼が自分のオペラの作曲に乗り出し、次々と五百ページも書き連ねていくと、滅入る必要はありませんでした。ファン・ゴッホの伝説は奇妙ですね…… 彼に絵を描かせたのは狂気の高まりだと信じられていますが、彼の書簡、とりわけ弟に宛てた手紙を読むと、狂気を追い求めた人物ではなかったことが分かります。逆に彼は狂気に陥るという考えに恐ろしく怯えていました。なぜなら、その時には、仕事が彼から遠ざかっていくからでした。それらの手紙を読むと何かとても悲痛なものを感じます。彼は危機が近づいているのを感じていて、それを何よりも恐れていることがはっきりと認められるからです。彼は様々な原因で自殺したのでしょうが、恐らくはまた、自分が物事を制御できず、もはや仕事ができなくなり、最終的に狂気に陥っていくと感じ取ったからでもあるのでしょう。そして創造的な芸術家にとっては、それは最悪のことなのです。芸術家は仕事をし、自分のうちにあるものを提供する以外に何もすることはないのですから。アルトーは彼の生涯のもっとも穏やかな時期に最良の作品を書きました。彼が麻薬中毒になっていた時期のテクストははるかに興味に乏しいと私には思われます。

アルシャンボー　精神分析はあなたの興味を惹きつけますか？

ブーレーズ　私は精神分析を極度に警戒しています。私は、自分の豊かさはまさに物事を合理的に説明する必要がないことだ思っていますから、精神分析に従えなかったのかもしれません。創造をする際、私たちの豊かさとなるのは複雑さであり、創造が糧を得るのは複雑さからです。もしあなたが自分自身を知るという特権を誰か別の人物に譲ってしまうなら、あなたは自分自身を知るという特権を失います。もちろん、気分がとても悪い時、精神分析は恐らく役に立つのでしょうが、幸いにも、私はそうしたケースに陥ったことがありません。

アルシャンボー　それでもフロイトはあなたにとって何かを意味しているのでは？

ブーレーズ　フロイトは芸術活動を説明することにけっして成功しませんでした。彼が試みた唯一の事例――それはマーラーを相手にしてだったと思いますが――でも、それはまったくうまくいきませんでした。芸術活動は複雑さから、こう言ってよければ「大混乱」から生まれるのであり、それにフロイトの諸カテゴリーを適用すると、それをまったく単純化することになるでしょう。

アルシャンボー　あなたはポール・テヴナンと精神分析について話し合われましたか？

ブーレーズ　いいえ。彼女は私がその問題には、さらに宗教についても同様に、まったく無関心であるのを知っていましたからね。

アルシャンボー　ポロックもまた下地を処理するとても独自なやり方を持っていたのですか？[11]

ブーレーズ　ポロックも下地を推敲していました。ポロックの個展で、彼の晩年の幾つかの絵が特別なやり方で整えられているのを見ました。つまり、或る構造すべてが消され、一種のスクリーンが消された部分の前に置かれていました。スクリーンの背後に何があるかを想像するのは観る人に委ねられていました……

アルシャンボー　何人かの造形芸術家が、「ドメーヌ・ミュジカル」を支援するためにあなたに作品を提供しましたね？

ブーレーズ　実際、マッソン、[12] ミロ、[13] ザォ・ウーキー、[14] ヴィエイラ・ダ・シルヴァ、[15] ラウル・ユバック[16]といった芸術家は、私たちが時折製作していたレコードのジャケットを無料で作成することで、私たちを支援してくれました。レコード・ジャケットがそれほど魅力的ではないと思っていたので、またそれらの芸術家たちと個人的な付き合いがあったので、ただ単に彼らに頼んだのです……　彼らは同様に演奏会の定期予約もしてくれ、通常料金よりもたくさん支払ってくれました。彼らはとても寛大でしたね。

アルシャンボー　ヴィエイラ・ダ・シルヴァについて話して下さいますか？

ブーレーズ　彼女には、ポロックのものにもクレーのものにも似ていない下地の推敲法がありました。

(11) ここで話の方向が突然変わるのも奇妙ではあるが、前述の話が続かないのを見て取って、絵画の問題に戻ったのだろうか……もっともアルコール依存症から、ポロックはユング派の医師による精神分析治療を受けたというから、その関連でもあるかもしれない。
(12) André Masson（一八九六～一九八七年）、フランスの画家。
(13) Joan Miró（一八九三～一九八三年）、カタルーニャ地方出身のスペインの画家。
(14) Zao Wou-ki（趙無極）（一九二一～二〇一三年）、中国出身のフランスの画家。
(15) Maria Elena Vieira da Silva（一九〇八～一九九二年）、ポルトガル出身のフランスの画家。
(16) Raoul Ubac（一九一〇～一九八五年）、ベルギー出身のフランスの画家・写真家・彫刻家。

彼女の絵は諸々のはっきりした構造を伴って丹念に描かれていて、彼女はそれらの構造を消し、その上に別の絵を描いていました。結局、それは消去の絵だったわけですが、それは指向性のはっきりした諸構造を灰色か青みがかった灰色の単調な層の下に消し去り、それらの構造が後で自然に再び姿を現すのです。

アルシャンボー　あなたは彼女と一緒に仕事をしたのですか？

ブーレーズ　ヴィエイラ・ダ・シルヴァは現代音楽にとても興味を持っていましたが、また同様にクラシック音楽にも大変関心がありました。エクス゠アン゠プロヴァンスでモーツァルトの《後宮からの逃走》が上演された折、彼女の隣に座っていたのを思い出します。彼女はとても音楽が好きで、レコードもたくさん聴いていました。私たちは共通の友人だったシュザンヌ・テズナスを介して親交を結んでいたのですが、《エクラ／ミュルティプル》の最初の録音をした際、私はジャケットを作ってくれないかと彼女に頼みました。彼女は本当に親切にそれを作成してくれました。そのようにして、私は彼女に何枚かのレコード・ジャケットを依頼しました。

アルシャンボー　あなたはアルベルト・ジャコメッティ(17)とも一緒に仕事をしましたね、彼とはどのような関係だったのですか？

ブーレーズ　彼は一枚のレコード・ジャケットのためにストラヴィンスキーの肖像画を提供してくれ

ました。ジャコメッティが音楽にとても興味を持っていたとは思いません。それはむしろ個人的な振る舞いでしたね。私の記憶では、ストラヴィンスキーが彼と会いたがっていて、私たちは或る晩、ストラヴィンスキー夫妻、ジャコメッティ夫妻、ピエール・スフチンスキーと私自身とで食事を共にしました。その後、ジャコメッティはストラヴィンスキーの肖像画と、何枚かのデッサンを作成したのです。それからしばらくして、私がストラヴィンスキーの作品のレコード・ジャケットを彼に頼んだところ、彼はりんごを題材に仕事をしていて、りんごでは多分ストラヴィンスキーのレコード・ジャケットにはふさわしくないね、と言いました。ジャコメッティはとてもユーモアに富んだ人物だったので、私たちの会話はとても奇妙なものでしたが、結局、彼はストラヴィンスキーの肖像画のために作成したスケッチを取り出してくれ、私たちはそのうちの一枚を選びました。

アルシャンボー　ではアンドレ・マッソンは？

ブーレーズ　彼はとても音楽が好きで、しばしば演奏会に来てくれました。そのうえ、彼の息子は音楽家になりました。[18]

（17）Alberto Giacometti（一九〇一～一九六六年）、スイスの彫刻家・画家。

（18）アンドレ・マッソンの息子はディエゴ・マッソン（一九三五年～　）、指揮者・作曲家・打楽器奏者。

アルシャンボー　ニコラ・ド・スタール[19]とあなたとの関係は？

ブーレーズ　私はシュザンヌ・テズナスの家で彼と出会いました。彼は音楽にとても興味を持っていて、「ドメーヌ・ミュジカル」の演奏会に来てくれていました。演奏会は土曜日の十七時から十九時に行なわれていたので、演奏会後しばしばシュザンヌ・テズナスの家でレセプションがあり、そこで彼に出会ったわけです。とても生き生きとした、大げさなほど快活な人物でした。最後に彼と会ったのは、シェーンベルクとヴェーベルンの作品を特集した演奏会の後ででした。それらの音楽家について私たちはとても興味深い会話をしました。彼の最後の幾つかの作品は「ドメーヌ・ミュジカル」の演奏会に触発されたものでした。或る晩新聞で彼の自殺を知り、大変驚き、悲しく思いました。私は彼が個人的な問題を抱えていることをまったく知りませんでしたし、素晴らしい生命力を放っていただけに、そのようなことを想像すらできませんでした[20]。

アルシャンボー　シュザンヌ・テズナスの思い出に言及してこられましたが、彼女はどんな人物だったのですか？

ブーレーズ　私はピエール・スフチンスキーを介してシュザンヌ・テズナスと知り合いました。彼女はパリの最後のサロンのひとつを主催していたと言えるでしょう。そこでは、ミショー、ド・スタール、マッソン、ミロ、ポーラン[21]といった人々と出会えたのです……　彼女は芸術の世界で起こっている創造的なことすべてに大変注意を払っていました。彼女のような人物は今日では多分いなくなってしまいました。ピエール・スフチンスキーは、素晴らしい教養人で、芸術の領域で起こっている本当に創造的なことをつねに待ち伏せていましたが、彼もまた世を去ってしまいました。あいにく彼はわずかしか書き記さず、ですから私たちに残された彼の著書がわずかしかないことは残念です。彼は本当に並外れた人物だったからです。「ドメーヌ・ミュジカル」に興味を持つようシュザンヌを説得したのは彼です。それで彼女はスポンサーを見つけてくれ、また彼女自身、私たちを資金面で援助してくれました。彼らはいわば仲介者だったのです。

(19) Nicolas de Staël（一九一四〜一九五五年）、ロシア出身、フランスの画家。
(20) ルネ・シャールとスタールは近しく、スタールの自殺は、シャールの親しくしていたポルジュ夫妻の妻ジャンヌにスタールが叶わぬ情熱を燃やしたためだった。
(21) Jean Paulhan（一八八四〜一九六八年）、フランスの作家・批評家・編集者。

組織と力

アルシャンボー　あなたはつねに組織を創ろうと努めてきました。「ドメーヌ・ミュジカル」、ＩＲＣＡＭ、シテ・ド・ラ・ミュジックといった……　それは何に起因するのか説明していただけますか？

ブーレーズ　私はつねに、自分が何について話しているか知らずに話している人々を嫌悪してきました。「ドメーヌ・ミュジカル」を創設した頃、人々は現代音楽についてさんざん論争していましたが、どうして人々は未だかつて聞きもしないのに、それについて否定的に語れるのかいぶかしく思っていました。私はいつも二つのこと、つまり人々の話題になっていることの認識、そして作品の正確な紹介を指針としてきました。それら二つの理由から、私は公的機関を重要視してきたのです。また集団的な協同の存在も必要です。そうした協同作業がなければ目的は達成できないからです。

アイデアがあれば、ひとつの機関を創設することは比較的容易です。けれどもはるかに困難なのは、それが存続するよう活性化し、発展させることです。諸々の機関の危険、それは硬直化、麻痺です。私にとって、ひとつの機関はつねにひとつの要求に応えるべきであり、その要求は過ぎ行く時間に応じて表明されます。私に重要だと思われるのは次のことですね。つまり、ひとつの主導的思考、実現のアウラ、その発展を考えるための人材を持つということです。そうした理由で、或る時点で、私は時代の諸要求に応じるためにひとつの機関が必要だと考えたのです。

アルシャンボー　その観点からすれば、バウハウスと「ドメーヌ・ミュジカル」という、当初は幾分マージナルでしたが、続く世代の人々に大きな影響をもたらした二つの組織は対比できるのでは？

ブーレーズ　そうですね。とにかく、「ドメーヌ」の創設当時、音楽の既存秩序は、私たち若い作曲家たちに対して、また過去のある種の作品に対してすらまったく機能していませんでした。

アルシャンボー　けれども、ひとつの機関には、それが変革され得るということを大いに期待するものではないでしょうか？　あなたにおいては、機関についての幾分逆説的な考えがあるのではありませんか？

ブーレーズ　多分ね。けれども「ドメーヌ・ミュジカル」は本当に公的機関から外れた組織だったのです。一年に四回から六回の演奏会を、とても少数の音楽家ととても限られた予算で行なっていただけでした。時々もっと大きな演奏会を実現するために私たちを援助してくれていたのはドイツの放送局でした。今日、それらの音楽会はさんざん回顧的に語られているわけですが。

「ドメーヌ」はその聴衆たちに強い影響を及ぼしたと私は思います。幾つかの演奏会は記憶の中に残り続け、それでもそれらの演奏会は、当時の音楽界においては数の上でわずかでしかありませんでした。それこそまさにこの組織がその務めを果たした証拠です。

アルシャンボー　では、一九七七年の創設後、今日ＩＲＣＡＭはあなたにとって何を意味していますか？

ブーレーズ　研究と創造の機関です。というのも研究作業だけでは十分ではありませんから。研究は応用される必要があります。科学の領域で見て取れるように、研究は応用研究に変わり、次いで製品となります。技術分野では、まず思索から始め、そして或る日プログラミングできる洗濯機が考案されます。音楽では、一方で研究するエンジニアや技術者が、他方で作曲をする音楽家がいるということになります。そして創造すべき作品をめざして、両者が力を合わせて物事を進めるわけです。ですから、生産に通じる省察の場なのですが、通常の音楽環境のようにあまりにも束縛の多い諸条件の軛のもとにあるわけではありません。一種の苗床、養成所です。私はガーデン・センター〔園芸センター〕と呼んでいますが、或る人はポロネギを、別の人はバラを育てているようなところなのです……　本当に自由な場ですが、はっきりしたガイドラインはあります。そして特に、成果が要求されます。さもなければ、なぜそこにいるのか分からなくなりますから……

アルシャンボー　ＩＲＣＡＭを一種の音楽のＣＮＲＳ〔Centre national de la recherche scientifique 国立科学研究センター〕だとあなたは見なしているのですか？

ブーレーズ　いいえ、私にとって重要なのは、成果です。私は、人々が、自分たちは研究しているのだと主張して居座ることを望んでいません。ＩＲＣＡＭの創設当初、問題を生じさせたのはまさにそうしたことです。私の主だった協力者たちの何人かが、外部の新進作曲家を招聘するのに反対だったことを思い出します。私が望んでいたのはまさにそうすることだったのにです。私は交流や、様々な考えの突合せや、各人に可能な再検討を望んでいたのですが……　自分の身を守り、自分の殻に閉じこもり、自分は研究しているのだと考えるためにＩＲＣＡＭにやって来るなら、その人はけっして何も見つけないだろうと私は考えていました。ですから、新進音楽家あるいは新進科学者がやって来ていないということを見て取った際、私はかなり激しく抵抗し、私の協力者の何人かに厳しく接することがありました。さらに、私は組織図やスタッフを変えました。不十分な点が幾つか分かったからです。

アルシャンボー　あなたのＩＲＣＡＭ退任後、後継の所長として、どうしてまずローラン・ベールのような行政官が選ばれたのでしょうか？　どうして別の音楽家ではなかったのですか？

ブーレーズ　私がアンサンブル・アンテルコンタンポランやＩＲＣＡＭを創設したのは、それが必要であり、他の誰もそれらを考えず、あるいはそうする能力を持たなかったからにすぎません。けれども私はつねにそれらを自分の所有物と見なさないよう気をつけてきました。なぜなら機関を個人の好みに合わせれば合わせるほど、それらは壊れやすいからです。重要なのは、責任を委ねる人材が多数いることです。その場合、彼らは自分たちの施設を擁護します。自分が定年期を迎えたというのではないけれど、他者の手に渡る方がよいということが分かった時、私は去りました。ＩＲＣＡＭのような組織を統括する場合、あまりにも忙しすぎることがあります。つまり、すべての会合に出席し、財政問題を議論し、全体が実際に首尾よく運ぶのを保証しなければなりません。私の場合、それは自分のメチエではありませんでした。ですから、或る時、創設や導入につきものの難題を片づけた後、ＩＲＣＡＭは今や確固として安定しているのだから、自分は身を引けるだろうと思ったのです。当時、私に代わる作曲家を見つけ出すべきだと言われましたが、私は否と答えました。

ひとたび施設が揺るぎないものになれば、所長のプロフィールが私のものと同じであるいわれは何もありませんでした。私のケースは、私が音楽家であると同時に作曲家だったことを考えれば幾分例外的でした。私にはまた組織化の一定の才能もありました。そして、実際には、組織していたのは私ではなかったのですが、とても良い作業チームを身辺に集めることができました。今日ラ・ヴィレットの監督(1)になっているローラン・ベールに私は目をつけたのですが、彼はＩＲＣＡＭにやって来る前、すでにストラスブールで現代音楽のフェスティヴァルを創設していました。彼をＩＲ

CAMの所長にした時、作曲家たちは順応してくれるだろうと考えましたが、その通りでした。選択を決定すべきなのは職務ではなく、逆に、言わば組織が職務を創り出すのです。重要なのは候補者の人格ですね。

むろん、そうしたことは、幾つかの職務や、それら相互の重要性の再編成を生じさせます。たとえば、今日、芸術監督の役目はローラン・ベールの時代にはなかった重要性を獲得しています。

アルシャンボー　将来も現代〔同時代〕音楽が相変わらず都市で自らの地位を占めるためにはどのように行動すべきなのでしょうか?

ブーレーズ　様々な組織が強力に、そして明確な方策を以て運営される必要がありますね。

アルシャンボー　一般聴衆に未来の音楽家たちの創造をよりよく知らしめるためには、どのような組織やどのような活動を想像し、企てる必要があるとお考えですか?

ブーレーズ　次第にアクセスが容易なネットワークができるのに応じたメディアテーク〔視聴覚ライブラリー〕ですね。そうしたメディアテークはすべての人々に最大限の情報や文化を提供できるでしょう。そうした組織はすでに存在すると思いますが、恐らくそれらがもっとしっかりした人々によって運営されれば十分です。

遭遇するだろう問題は、多分むしろ演奏家の水準にあるでしょう。たしかに、聴衆はそれほど意欲をもって現代音楽を聴きに行くわけではないでしょうが、それは部分的には演奏家たちの責任でもあると私は思っています。彼らはあまりにもしばしば、若い頃に教わったものだけで満足し、進歩しようと努めないのです。彼らはしばしば小心かつ怠惰です。いつも同じレパートリーを維持し、そうしたことはしまいには彼らの演奏からも感じられます。そのうえ、私がけっして受け入れたことのない言葉があります。それは「ああ、私はこの楽譜につねに新しいことを発見する！」というものです。それは真実ではない！　そこにいつも何かしら新しいことを発見できるとは、私は絶対に思いません。もちろん、それらの楽譜の幾つかは多かれ少なかれ私たちの生涯の幾つかの時点と密接に関係しているでしょう。好きな風景を再び見ることに喜びを感じるように、それらに再度耳を傾けることに喜びを味わうことはあるかもしれません。とはいえ、ひとつの楽譜はくみ尽くせないものではありません。ですから今現在のレパートリーに関心を抱き、自分を一新すべきです。ところが、自分の時代の音楽に関心を抱く演奏家はあまりにもわずかしかいません。そのことは、同時代の音楽の普及にとって深刻な問題を呈しかねないでしょうね。

アルシャンボー　未来のオーケストラについてあなたはどのように考えていますか？

ブーレーズ　それは私にとって答えるのがとても難しい質問です。演奏会場の構想について考える必

（1）二〇二〇年現在、フィラルモニー・ド・パリ総監督。

要があり、また音楽家たちと建築家たちの協力作業がなければなりません。まさにそれはシテ・ド・ラ・ミュジックの演奏会場について、私がクリスティアン・ド・ポルザンパルク(2)と一緒にやったことです。私は彼に演奏会場が様々なオーケストラのサイズに適うようにと頼みました。今まで、ホールは伝統的なオーケストラのために建設されてきましたが、今後は可変的なホールを構想する必要があります。

アルシャンボー　シテ・ド・ラ・ミュジックの大ホール(3)についてはどのようなものを建設させようとあなたは望まれたのですか？　今日存在するホールはあなたの諸要求に呼応しているんでしょうか？

ブーレーズ　それは私の要求に呼応しています。というのも、それはそう望むように変更でき、まったく異なるオーケストラ配置にすることが可能だからです。そのこけら落とし以降、シュトックハウゼンの《グルッペン》や《モメンテ》(4)や、スイスの新進作曲家ハンス＝ペーター・キーブルツ(5)の作品や、マヌリの相互に受け継がれていく三つのオーケストラを使う作品、またクラシックな配置を拒絶する古楽、バリのガムラン、日本の歌舞伎など極めて多様な作品を上演し、一種の舞台上演も行なえました……　私について言えば、《レポン》や《リテュエル》を上演できましたが、私の作品だから言及しているわけではなく、それらは伝統的なホールでは演奏できないからです。

アルシャンボー　フランスにおける現代音楽のための重要なフェスティヴァルにはどのようなものがありましたか？

ブーレーズ　ローラン・ベールが監督だった頃のストラスブールや、ラ・ロッシェル、ロワィヤンもまた必要です。時代、活動、レパートリーなどをうまく管理する……　その仕事は即席では行なえません。専門家が必要です。

……　よいプログラミングがあるだけでは十分ではありません。トップに優れた管理者がいること

アルシャンボー　それらのフェスティヴァルは各々重要だったのでしょうか？

ブーレーズ　それらが存在していた頃、私はフランスに住んでいませんでしたから、その質問に答えるのは私には難しいですね。けれども、私が得た証言によれば、重要だったと思いますし、それも

（2）Christian de Portzamparc（一九四四年～　）、モロッコのカサブランカ生まれ、フランスの建築家。

（3）問題になっているのは上述の演奏会場で、二〇一五年一月に開場したフィラルモニー・ド・パリのジャン・ヌヴェル設計の大ホール（＝サル・ピエール・ブーレーズ）ではない。

（4）《グルッペン》は三つのオーケストラ、《モメンテ》はソプラノ独唱および四群の合唱と十三楽器のための作品だが、後者ではそれらの構成要素が瞬間（複数形でモメンテ）の可動的な組み合わせに応じて、三つのグループを形成する。

（5）Hanspeter Kyburz（一九六六年～　）。原文はドイツの作曲家となっているが、スイスに訂正した。

私が想像していたよりはるかに重要でした。

アルシャンボー　あなたの目から見て、あなたの世代の音楽に興味を抱き、それを広める術を弁えていた批評家たちはいたのでしょうか？

ブーレーズ　クロード・ロスタン、クロード・サミュエル。そしてモーリス・フルーレはとても重要な仲介者でした。モーリス・フルーレの「現代音楽の日々」やクロード・サミュエルの「サントル・アカント」は同時代の音楽のための組織でした。その代わり、ジャーナリストとの距離や組織者との関係をうまく保つのは難しいですね。

アルシャンボー　音楽家と政治的権力との関係についてあなたはどう見ていますか？

ブーレーズ　音楽家は十分な独立を保つことが必要ですし、政治権力は、政治的なモラルが才能あるいは天賦の才とは何ら関係がないことを理解すべきです。私をとても困惑させるのは、先立つ政府が計画したことを、一貫して、また対照的に、壊そうとすることです。ポンピドゥー・センターやバスティーユ・オペラで生じたようにです。そうしたことが追加費用を生じさせる危険があることを知りながらそうしたのです。ですから、政治家たちに、しばしば彼らが軽率に下す様々な決定をやめさせるために、彼ら個々人に関わる財政責任を設定すべきだと私は思います。

アルシャンボー　あなたは音楽界でもっともマスコミに取り上げられることの多い人物のひとりですが、音楽家にとって名声は必要なのでしょうか？

ブーレーズ　私のマスコミでの取り上げられ方は、ルチアーノ・パヴァロッティ(6)のそれと比べればほとんどなきに等しいものです。私は相当口の堅い人間で、容易に自分の内面を打ち明けたりはしません。私が語る場合、それは音楽生活における様々なプロジェクトを前進させるためです。もし私の意見を求められれば、私はそれを提供しますが、その際、誰でもそれに反対したり、それを無視したりできます。各人の都合に合わせて……

（6）Luciano Pavarotti（一九三五～二〇〇七年）、イタリアのオペラ歌手。

謝辞

つねに信頼と友情を寄せてくれたローラン・ベール、
辛抱強く誠意を以て付き合ってくれたエリック・ヴィーニュ、
本書を丹念に校閲してくれたセリーナ・サングとフロランス・ボデル＝ベルトラン、
温かくもてなしてくれたハンス・メスナー氏、
支援を惜しまなかったマリー＝ローズ・ガルニエリ、
筆者がヴィラ・メディチで本書を仕上げるのを見守っていたリシャール・ペドゥッツィに
心から感謝する。

訳者あとがき

本書はBoulez (Pierre), *Entretiens avec Michel Archimbaud* (Paris, Éditions Gallimard, Collection : Folio Essais, 2016) の全訳である。

作曲家・指揮者・著述家として、また幾つもの音楽組織の企画・運営者として、第二次世界大戦後から二十一世紀の最初の十数年にわたって西欧芸術音楽界で弛まぬ活動を繰り広げたピエール・ブーレーズが、二〇一六年一月五日、バーデン＝バーデン（ドイツ）の自宅で逝去した二か月後の三月、訳者はこの文庫本がパリの書店に積んであるのを見つけた。その際、対談の相手で、本書を編集したミシェル・アルシャンボーが「緒言」で記しているフランシス・ベーコンとの対談集も古本で見つけ、二〇一五年三月、ブーレーズ生誕九十年を記念してパリのシテ・ド・ラ・ミュジックの音楽博物館で催された展覧会に出品され、[1]とても印象的だったベーコンの『トリプティク（一九四四年）の第二ヴァ

（1） 多数の写真などを含むカタログが刊行されている。*Pierre Boulez*, catalogue sous la direction de Sarah Barbedette, Paris, Actes Sud / Philharmonie de Paris / Cité de la musique, 2015. なお三月十七日から六月二十八日にかけて開催された展覧会の期間には、ブーレーズに捧げられた演奏会も数々あり、ブーレーズの提言が大きな推進力となった新コンサート

ージョン』(一九八八年)を思い出し、そちらも購入し、先に読んでしまった。

慎ましい音楽学徒として本来の専門領域であるはずのクロード・ドビュッシーの創作研究と並んで、ピエール・ブーレーズの活動にできるだけ接し、著作や書簡の翻訳もし、対談についても幾つか翻訳してきた訳者が、なぜさらに本書を訳出する気持ちになったのだろうか……　ひとつには、最初から、専門書というよりは広い読者向けの文庫本として企画されたということ、またこれまで相当数出版されてきた対談集が、多かれ少なかれ現代音楽事情に精通していると自負しているであろう音楽学者・評論家や音楽プロデューサーによって編まれたのに対して、(2) アルシャンボーという編集・出版に長く携わり、演出やプロデュースも手がけ、教育にも関係してきた、広い視野を持つ教養人であるとはいえ、本人も記しているように音楽、とくに現代音楽に深くコミットしてきたわけではない人物が、どのように対談を進め、どのようにまとめたかということに興味を持ち、その果実に共感するところが多かったからだ。

略歴にも記したように、アルシャンボーは、一九八六年に創刊されたIRCAMの極めて専門的な機関誌で、一九八九年から一九九一年(第六号から九号)にかけて、ブーレーズと共同編集人を務めた。当時アルシャンボーはセギィエ出版の編集者だったようだ。どのような経緯で共同編集人になったのか訳者には分からないが、ブーレーズの負担を軽減し、客観的な眼で編集を進められる人物が求められたのではないだろうか。ブーレーズがアルシャンボーにベーコンを紹介したのも恐らくその頃で、ブーレーズ自身は、BBC交響楽団の音楽監督だった一九七一年にロンドンでベーコンと知己になったという。アルシャンボーとベーコンとの対談は一九九一年秋に始められたが、翌年春、ベーコンがマドリッドで客死したため、三回で終わり、短い対談集となって一九九二年に出版され、一九九六年にガリマール社のエッセー叢書として再版された。ベーコンの創作に深い関心を寄せる人々にとっては、ディヴィッド・シルヴェスターのインタヴューやミシェル・レリスの論考が真っ先に頭に浮かぶはずだろうが、アルシャンボーによる短い対談からも、健康も優れず、最晩年となってしまった時期でも、ベーコンが率直な返事を素早く返す様子が分かり、それを引き出したアルシャンボーの人柄や力量が明らかになっている。

ベーコンとの対談集がガリマール社から再版された後、叢書担当編集者からの提案で企画されたブーレーズとの対談は、おそらく一九九七年頃から二〇〇〇年代初頭にかけて断続的に進められ——一九九二年にIRCAMの所長を辞任した後、ブーレーズは、指揮活動と作曲活動を精力的に再開し、

ホール（フィラルモニー・ド・パリ）も完成したのだが、関係者の切なる願いも空しく、ブーレーズがドイツの自宅を離れることも、メッセージを寄せることもなかった。舞台の位置を変更することで二四〇〇〜三六〇〇人の聴衆を収容できる新ホールは、グランド・サル・ピエール・ブーレーズと命名され、ダニエル・バレンボイムが監督を務めるベルリン州立歌劇場のピエール・ブーレーズ・ザールとともにブーレーズの名をとどめるホールとなっている。

（2）もっともブーレーズ／シャンジュー／マヌリ（笠羽映子訳）『魅了されたニューロン——脳と音楽をめぐる対話』（法政大学出版局、二〇一七年）は、世界的に著名な神経生物学者ジャン゠ピエール・シャンジューのイニシアチヴで実現した対談で、その趣旨も他の対談と異なっているが。

パリに落ち着いていることは少なくなり、二〇〇四年からはルツェルン音楽祭アカデミーを毎夏三週間にわたって主宰し、また同二〇〇四年と翌年にはバイロイト音楽祭で再度《パルジファル》(クリストフ・シュリンゲンジーフの演出)を指揮したりもしたが、それらのことは話題になっていない――、二〇〇五年前後にアルシャンボーは本書の編集をひとまず終えたのではないかと思う。(3)

その後十年近く、アルシャンボーとガリマール社がどうしてこの対談集の出版を急がなかったのかも訳者には定かではない。とりわけ緑内障の二度にわたる手術、転倒による肩の骨折などからブーレーズは二〇一二年以降指揮活動を断念し、二〇一三年夏以降は公の場に姿を見せることはなく、引退声明を出すこともなく、バーデン゠バーデンの自宅に引き篭もり、沈黙を守った。九〇歳余の高齢ゆえ、健康は憂慮されてはいたが、それでも、二〇一六年初頭の逝去は周囲の人々にとっても予想されない出来事だった。バーデン゠バーデンでの葬儀後、同地に埋葬され、後になってパリでも追悼の催しがあったが、遺書・遺言はなかったという……

そのように対談集の出版はブーレーズの逝去後の二〇一六年二月になったけれど、印刷などを考えると、「没後」を狙ったものではない。(4) 十年程度の年月は、本書の趣旨や内容からすれば、大したことではなく、人生の最終コーナーに近づいているとは言え、なお元気旺盛だった頃に余裕を以て行なわれた対談は貴重だと訳者には思われるし、読者諸氏も読むにつれ、それを確認されることだろう。

本書「緒言」でアルシャンボーが、もっとブーレーズの創作活動について知りたい読者に勧めているドミニク・ジャムーの著書は、(英訳はあるが)邦訳されていない。純粋に学術的な書物というよりは現代音楽に関心の深い一般読者向けの書物だが、刊行されたのが一九八四年ということもあり、八〇年代後半以降のブーレーズについて言及されていない点や、その後の研究成果が反映されていない点で不十分さは残念ながら否めない。[5] また本書末尾に添えられている「文献一覧」は、概して、アルシャンボーが対談にあたって参照、下準備に使ったフランス語文献（若干の英語文献はあるが）と捉えた方が無難であり、必ずしも日本の読者・研究者向けではないかもしれない。ブーレーズの経歴を見ても分かるように、彼の活動はフランスに限定されず、ブーレーズ研究も英語、ドイツ語圏を含

（3）謝辞の最後に挙げられているリシャール・ペドゥッツィは舞台装置家として、しばしば演出家パトリス・シェローと組んで活躍した人物で、ブーレーズが指揮し、シェローが演出したバイロイトでの《指輪》やパリ・オペラ座での《ルル》においても装置を担当しており、二〇〇二年から〇八年にかけてローマのヴィラ・メディチ（フランス・アカデミー）の館長だったから、そこでアルシャンボーが編集作業の仕上げをしていた際、色々思い出話なども耳にしたことだろう。

（4）原著の裏表紙に没年は見出されるが、それは印刷製本の最終段階でどうとでもなることだろう。

（5）訳者にとって、ジャムーはとりわけ一九七〇年から七八年にかけて同時代音楽社会に特化した果敢な雑誌『ミュジック・アン・ジュー』(*Musique en jeu*, Paris, Éditions du Seuil) の創刊者・編集主幹として記憶に残っている。今振り返ると、ほぼ年三回の刊行で三十三号までよく続いたものだと思う。前述したＩＲＣＡＭの機関誌は母体が公的機関だということもあり、立派でページ数も多いものだったが、一九九一年の九号が最後だったのではないか。晩年あまりブーレーズに関係した場面に姿を現すことのなくなったジャムーは二〇一五年年七月に逝去し、アルシャンボーは本書をジャムーの思い出にも捧げている。

め、近年ますます充実してきているし、終始ブーレーズの活動を見守ってきた音楽学者・評論家はむしろフランス以外の人たちとも言えるほどだ。意欲ある読者諸氏は、ブーレーズの経歴・録音・録画・著述や、ブーレーズおよび二十世紀後半の芸術音楽状況を、他の文献やネット検索なども駆使して調べられたい。

アルシャンボーは、当然、本書以前に出版された数々の対談集に目を通しただろうが、本書とある程度重なる部分がある書物の代表は、文献表にも記載されているClaude Samuel (éd. et entretiens), *Éclats-Boulez*. Paris, Éditions du Centre Georges Pompidou, 1986 だろう。同書は当時ＩＲＣＡＭの所長を務めていたブーレーズの六十歳を記念し、ＩＲＣＡＭの母体ポンピドゥー・センターがブーレーズに贈った多数の写真入りの大型豪華本で、二〇〇二年に編集責任者で対談相手だったクロード・サミュエルにより、写真抜きで再版が出た。訳者による邦訳（ピエール・ブーレーズ／クロード・サミュエル〔聞き手〕『エクラ／ブーレーズ――響き合う言葉と音楽（*Éclats 2002*）』、青土社、二〇〇六年）は後者の版による。その本をご覧になれば分かるように、八〇年代当時の著名文化人の寄稿が多々含まれ、創作や教育、音楽と文学・絵画・バレエ等々を巡る諸問題が論じられ、語られている。ただ成立事情からも推測できるように、一般読者に必ずしも近づき易い書物ではない。今回訳出した本書の方が、作曲家の生い立ちや経歴に始まり、最初から身構えることなく読めるのではないだろうか――無論、さらに詳しく深くと思う方は図書館などを利用して前掲邦訳書をお読みくだされば幸いであるが――。

とはいえ、そして訳者は「文庫本」的性格、手頃に購入できる本になることを心の底で願っていたのだが、諸般の事情で必ずしもそうはならず、さらに読者の便宜を考えて、かなりの訳注をつけてしまった。それらが不要である方は無視していただきたいし、日本でも周知の作曲家などについては訳注をつけなかったが、必要に応じて簡単に調べられるだろうと思う。

些末とも言えることを含めつつ書き連ねてしまったが、まずはアルシャンボーの問いかけにしたがって、本書をお読みいただきたい。とりわけ「経歴」の章の最後、そして「組織と力」の章の最後に見出されるブーレーズの言葉は、長年音楽芸術、音楽文化の活性化に心血を注いできた独創的な芸術家の飾らない、偽らざる思いだろう。そして本書から何を引き出すかは私たち読者の各々にかかっている……

訳文には気をつけたつもりだが、不十分な点や誤解があるかもしれない。ご指摘いただければ幸いである。最後に、いつもながら訳者の歩みをあたたかく見守り、必要に応じて助言を惜しまれない友人・知人諸氏、そして邦訳出版の実現を可能にし、訳者を巧みに誘導された法政大学出版局の高橋浩貴氏に心から感謝申し上げます。

笠羽映子

二〇二〇年盛夏

索　引

ア行

カ行

サ行

タ行

ナ行

ハ行

マ行

ヤ行

ラ行

文献表

ブーレーズの著作

Jalons pour une décennie. Dix ans d'enseignement au Collège de France, 1978–1988, édition de Jean-Jacques NATTIEZ, préface posthume de Michel FOUCAULT, Paris, Christian Bourgois, 2002.〔P. ブーレーズ『標柱――音楽思考の道しるべ』笠羽映子訳、青土社、2002年〕

Le Pays fertile, Paul Klee, édition de Paule THÉVENIN, Paris, Gallimard, coll. Livres d'Art, 1989.〔P. ブーレーズ／P. テヴナン編『クレーの絵と音楽』笠羽映子訳、筑摩書房、1994年〕

Penser la musique aujourd'hui, Paris, Denoël, 1963（réédition Gallimard, coll. Tel n° 124, 1987).〔P. ブーレーズ『現代音楽を考える』笠羽映子訳、青土社、1996年（新装版2007年)〕

Points de repère, édition de Jean-Jacques NATTIEZ, Paris, Le Seuil, 1985.〔P. ブーレーズ『参照点』笠羽映子・野平一郎訳、書肆風の薔薇、1989年〕

Points de repère, Tome I, *Imaginer*, édition de Jean-Jacques NATTIEZ et Sophie GALAISE, Paris, Christian Bourgois, coll. Musique, Passé, Présent, 1995.

Points de repère, Tome II, *Regards sur autrui*, édition de Jean-Jacques NATTIEZ et Sophie GALAISE, Paris, Christian Bourgois, coll. Musique, Passé, Présent, 2005.

Points de repère, Tome III, *Leçons de musique*, deux décennies d'enseignement au Collège de France, 1976–1995, édition de Jean-Jacques NATTIEZ ; présentations de Jean-Jacques NATTIEZ et Jonathan GOLDMAN ; préface posthume de Michel FOUCAULT, Paris, Christian Bourgois, coll. Musique, Passé, Présent, 2005.

Relevés d'apprenti, textes réunis et présentés par Paule THÉVENIN, Paris, Le Seuil, coll. Tel Quel, 1966.〔P. ブーレーズ『ブーレーズ音楽論――徒弟の覚書』船山隆・笠羽映子訳、晶文社、1982年〕

対話および書簡集

Avec Luciano Berio, Pierre Boulez et Henri Pousseur, Table ronde des journées des 16,

18, 23 et 25 juillet 1963 à Darmstadt, in Marc CHENARD et Jean-Jacques NATTIEZ, Circuit musiques contemporaines, Montréal, Presses de l'Université de Montréal, volume 15, n° 3, 2005.

Conversations de Pierre Boulez sur la direction d'orchestre, avec Jean VERMEIL, Paris, Plume, Calmann-Levy, 1989.

Correspondance avec André Schaeffner, 1954–1970, éditée par Rosângela Pereira de Tugny, Paris, Fayard, 1998.〔P. ブーレーズ／A. シェフネール『ブーレーズ－シェフネール書簡集 1954–1970――シェーンベルク、ストラヴィンスキー、ドビュッシーを語る』笠羽映子訳、音楽之友社、2005年〕

Correspondance et documents avec John Cage, 1949–1962, édition de Jean-Jacques Nattiez en collaboration avec Françoise DAVOINE et al., Winterthour, Amadeus, 1990.〔P. ブーレーズ／J. ケージ／J.-J. ナティエ／R. ピアンチコフスキ編『ブーレーズ／ケージ往復書簡 1949–1982』笠羽映子訳、みすず書房、2018年〕

Entretien avec Pierre Boulez. Les années d'apprentissages, 1942–1946, réalisé par François MEÏMOUN ; consultable sur le site www.musicologie.org.

L'Écriture du geste, entretiens avec Cécile Gilly sur la direction d'orchestre, Paris, Christian Bourgois, 2002.〔P. ブーレーズ／C. ジリー聞き手『ブーレーズは語る――身振りのエクリチュール』笠羽映子訳、青土社、2003年〕

Par volonté et par hasard, Entretiens avec Célestin DELIÈGE, Paris, Le Seuil, coll. Tel quel, 1975.〔P. ブーレーズ『意志と偶然――ドリエージュとの対話』店村新次訳、法政大学出版局、1977年（新装版2012年)〕

Pierre Boulez, à voix nue, Entretiens avec Véronique PUCHALA, Lyon, Symétrie, 2008.〔V. ピュシャラ『ブーレーズ――ありのままの声で』神月朋子訳、慶應義塾大学出版会、2011年〕

参考文献

AGUILA, Jésus, *Le Domaine musical. Pierre Boulez et vingt ans de création de musique contemporaine*, Paris, Fayard, 1992.

BARBEDETTE, Sarah (dir.), *Pierre Boulez, catalogue de l'exposition de la Cité de la musique,* 17 mars–28 juin 2015, Arles, Actes Sud ; Paris, Philharmonie de Paris, 2015.

BONNET, Antoine, *Activité structuraliste et composition musicale. Sur quelques notations de Barthes et Boulez,* Musicorum n° 2, Tours, Presses universitaires François-Rabelais, 2003, p. 33–43.

BREATNACH, Mary, *Pierre Boulez et Stéphane Mallarmé, deux notions d'abstraction.*

La relation entre musicien et poète à travers Pli selon pli, Thèse de l'Université d'Édimbourg, 1996.

BUTOR, Michel, *Mallarmé selon Boulez*, in Répertoire II, Études et conférences, 1959–1963, Paris, Éditions de Minuit, 1964, p. 243–251.〔M. ビュトール「ブーレーズによるマラルメ」清水徹訳、『エピステーメー』1976年8–9月号、朝日出版社〕

CADIEU, Martine, *Boulez*, Madrid, Espasa Calpe, 1977.

DELIÈGE, Célestin, *Cinquante ans de modernité musicale de Darmstadt à l'IRCAM.*, Liège, Mardaga, coll. Musica, 2003 (deuxième édition en 2012).

FOUCAULT, Michel, *Pierre Boulez, l'écran traversé,* in Silences n° 1, 1985, p. 11–15.〔M. フーコー「ピエール・ブーレーズ、突き抜けられた画面」笠羽映子訳、蓮實重彦・渡辺守章監修『ミシェル・フーコー思考集成9 自己/統治性/快楽 1982–83』筑摩書房、2001年〕

GOLDMAN, Jonathan, NATTIEZ, Jean-Jacques et NICOLAS, François, *La Pensée de Pierre Boulez à travers ses écrits,* Actes du colloque international tenu à l'École normale supérieure des 4 et 5 mars 2005, Paris, Delatour France, coll. Musique/Recherches, 2010.

GOLÉA, Antoine, *Rencontre avec Pierre Boulez*, Paris, Julliard, 1958.

GRIFFITHS, Paul, *Boulez,* Londres, Oxford University Press, coll. Oxford studies of composers n° 16, 1978.

JAMEUX, Dominique, *Pierre Boulez*, Paris, Fayard, 1984.

JAMEUX, Dominique, *Répons de Pierre Boulez,* texte du 7 mars 1989, fascicule luxe avec le triptyque de Francis Bacon, publié par les éditions Séguier/Lignes-Archimbaud-Birr, 1989.

LELEU, Jean-Louis et DECROUPET, Pascal, *Pierre Boulez, Techniques d'écriture et enjeux esthétiques,* Genève, Contrechamps, 2006.

MEÏMOUN, François, *Entretien avec Pierre Boulez. La naissance d'un compositeur*, Château-Gontier, Ædam Musicæ, coll. Musique du XXe siècle, 2010.

NUSSAC, Sylvie de, REGNAULT, François (dir.), *Pierre Boulez, Patrice Chéreau, Richard Peduzzi, Jacques Schmidt – Histoire d'un « Ring », Bayreuth 1976–1980,* Paris, Diapason/Robert Laffont, 1980 (réédition Paris, Le Livre de poche n° 8373, 1981).

OLIVIER, Philippe, *Le Maître et son marteau*, Paris, Hermann, coll. Points d'orgue, 2005.

PILON, Denise, *Essai d'une approche de Pierre Boulez,* Thèse de l'Université de Montréal, 1971.

PORCILE, François, *Les Conflits de la musique française, 1940–1965,* Paris, Fayard,

coll. Les chemins de la musique, 2001.

SAMUEL, Claude, *Éclats-Boulez*, Paris, Éditions du Centre Pompidou, 1986.〔P. ブーレーズ／C. サミュエル聞き手『エクラ／ブーレーズ――響き合う言葉と音楽』笠羽映子訳、青土社、2006年〕

STEINEGGER, Catherine, *Pierre Boulez et le théâtre.* De la Compagnie Renaud-Barrault à Patrice Chéreau, publié sous la direction de Sylvie MAMY avec une préface de Joël Huthwohl, Wavre, Mardaga, coll. Musica, 2012.

VEITL, Anne, *Politiques de la musique contemporaine. Le compositeur, la recherche musicale et l'État en France de 1958 à 1991*, Paris, L'Harmattan, coll. Logiques sociales, série Musiques et champ social, 1997.

ブーレーズとの対話

2020年 9 月10日　初版第 1 刷発行

ピエール・ブーレーズ
ミシェル・アルシャンボー
笠羽映子 訳
発行所　一般財団法人　法政大学出版局
〒102-0071 東京都千代田区富士見2–17–1
電話 03(5214)5540　振替 00160–6–95814
組版：HUP　印刷：日経印刷　製本：積信堂

Printed in Japan
ISBN978–4–588–41034–5

著　者

ピエール・ブーレーズ（Pierre Boulez）

1925年生まれ。フランスの作曲家、指揮者。第2次世界大戦後の西欧前衛音楽界で指導的役割を果たし、また20世紀音楽を中心に傑出した指揮活動を展開。フランス国立音響音楽研究所（IRCAM）創設者、初代所長。日本語訳に『意志と偶然』（店村新次訳、法政大学出版局、1977年、2012年新装版）、『ブーレーズ音楽論』（船山隆・笠羽映子訳、晶文社、1982年）、『参照点』（笠羽映子・野平一郎訳、書肆風の薔薇、1989年）、『クレーの絵と音楽』（P. テヴナン編、笠羽映子訳、筑摩書房、1994年）、『現代音楽を考える』（笠羽映子訳、青土社、1996年、2007年新装版）、『標柱』（笠羽映子訳、青土社、2002年）、『ブーレーズは語る』（C. ジリー聞き手、笠羽映子訳、青土社、2003年）、『ブーレーズ－シェフネール書簡集 1954–1970』（A. シェフネール共著、笠羽映子訳、音楽之友社、2005年）、『エクラ／ブーレーズ』（C. サミュエル聞き手、笠羽映子訳、青土社、2006年）、『ブーレーズ作曲家論選』（笠羽映子訳、ちくま学芸文庫、2010年）、『魅了されたニューロン』（J.-P. シャンジュー、P. マヌリ共著、笠羽映子訳、法政大学出版局、2017年）『ブーレーズ／ケージ往復書簡 1949–1982』（J. ケージ共著、J.-J. ナティエ、R. ピアンチコフスキ共編、笠羽映子訳、みすず書房、2018年）がある。2016年1月5日逝去。

ミシェル・アルシャンボー（Michel Archimbaud）

1946年、ドイツ生まれ。国立高等演劇コンセルヴァトワール（CNSAD）、パリ市立演劇芸術学校（ESAD）、国立高等演劇芸術・技術学校（ENSATT）他で教育や学校行政に携わりながら、編集者、出版経営者、演出家、テレビプロデューサーとしても幅広く活躍。1989年から1991年にかけてフランス国立音響音楽研究所（IRCAM）の機関誌*In/Harmoniques*の編集を依頼され、ブーレーズと共同編集人を務めた。日本語訳に『フランシス・ベイコン 対談』（五十嵐賢一訳、三元社、1998年）がある。

訳　者

笠羽映子（かさば・えいこ）

東京藝術大学大学院修了。パリ第4大学博士課程修了（音楽学博士）。早稲田大学名誉教授。ブーレーズの上掲書のほか、主な訳書にL. バーンスタイン他『バーンスタイン　音楽を生きる』（西本晃二監訳、青土社、1999年）、F. ルシュール編『ドビュッシー書簡集1884–1918』（音楽之友社、1999年）、同著『伝記　クロード・ドビュッシー』（音楽之友社、2003年）、I. ストラヴィンスキー『音楽の詩学』（未來社、2012年）、同『私の人生の年代記』（未來社、2013年）がある。